新编学生国学丛书

陈柱 选注　黄正雨 校订

老子

茅盾 选注　黄正雨 校订

庄子

中国文史出版社

图书在版编目（CIP）数据

老子·庄子/陈柱,茅盾选注;黄正雨校订.——北京：
中国文史出版社,2019.10

（新编学生国学丛书/缪天绶等主编）

ISBN 978-7-5205-1498-9

Ⅰ.①老… Ⅱ.①陈… ②茅… ③黄… Ⅲ.①道家
②《老子》-注释 ③《庄子》-注释 Ⅳ.①B223

中国版本图书馆CIP数据核字(2019)第240983号

责任编辑：金　硕

出版发行：**中国文史出版社**

社　　址：北京市海淀区西八里庄路69号院　　邮　　编：100142
电　　话：010-81136606　81136602　81136603　81136605（发行部）
传　　真：010-81136655
印　　厂：北京温林源印刷有限公司
经　　销：全国新华书店
开　　本：880mm×1230mm　　1/32
印　　张：6.5
字　　数：120千字
版　　次：2020年2月北京第1版
印　　次：2020年2月第1次印刷
定　　价：25.60元

总　序

冯天瑜

作为汉字古典词，"国学"本谓周朝设于王城及诸侯国都的贵族学校，以与地方性、基层性的"乡校""私学"相对应。隋唐以降实行科举制，朝廷设"国子监"，又称"国子学"，简称"国学"，有朝廷主持的国家学术之意。

时至近代，随着西学东渐的展开，与来自西洋的"西学"相比配，在汉字文化圈又有特指本国固有学术文化的"国学"一名出现。如江户幕府时期（1601—1867）的日本人，自18世纪起，把流行的学问归为三类：汉学（从中国传入）、兰学（从欧美传入，19世纪扩称洋学）、国学（从《古事记》《日本书纪》发展而来的日本固有学术）。19世纪末、20世纪初，中国留日学生与入日政治流亡者，以及活动于上海等地的学人，采借日本已经沿用百余年的"国学"一名，用指中国固有的学术文化。1902年梁启超（1873—1929）撰文，以"国学"与"外学"对应，强调二者的互动共济，梁氏曰："今日欲使外学之真精神普及于祖国，则当转输之任者，必邃于国学，然后能收其效。"（《论中国学术思想变迁之大势》）1905年国粹派在上海创办《国粹学报》，公示"发明国学，保存国粹"宗旨。这里的"国学"意为"国粹之学"。该刊发表章太炎（1869—1936）、刘师培（1884—1920）、陈去病（1874—1933）等人的经学、史学、诸子学、文字训诂方面文章，以资激励汉人的民族精神与文化自信。从此，中国人开始在"中国固有学术文化"意义上使用"国学"一词，为"国故之学"的简称。所谓"国故"，指中国传统的学术文化之故实，此前清人多有用例，如魏源（1794—1857）认为，学者不应迷恋词章，学问要从"讨朝章、讨国故始"（《圣武记》卷一一），这"讨国故"的学问，也就是后来所谓之国学。

经清末民初诸学者（章太炎、梁启超、罗振玉、王国维、刘师培、黄侃、陈寅恪等）阐发和研究，国学所涉领域大定为：小学、经学、史学、诸子、文学，约与现代人文学的文、史、哲相当而又加以综汇，突现了中国固有学术整体性特征，可与现代学校的分科教学相得益彰、彼此促进，故自20世纪初叶以来，"国学"在中国于起伏跌宕间运行百年，多以偏师出现，而时下又恰逢勃兴之际。

中国学术素有"文、史、哲不分家"的传统，中国学术的优势与缺陷皆与此传统相关。百年来的中国学校教育仿效近代西方学术体制，高度分科化，利弊互见。其利是促进分科之学的发展，其弊是强为分割知识。为克服破碎大道之弊，有人主张打通文、史、哲壁垒，于是便有综汇中国人文学的"国学"之创设，并编纂教材，进于学校教育、家庭教育、社会教育，其先导性教材结集，为20世纪20年代至30年代原商务印书馆由王云五策划并担任主编的《万有文库》之子系《学生国学文库》。所收均为四部重要著作。略举大凡：经部如诗、礼、春秋，史部如史、汉、五代，子部如庄、孟、荀、韩，并皆刊入；文辞则上溯汉、魏，下迄近代，诗歌则陶、谢、李、杜，均有单本，词则多采五代、两宋。丛书凡60册，已然囊括了"国学"之精粹。其鲜明之特色是选注者掺入了对原著的体味，经史诸书选辑各篇，以表见其书、其作家之思想精神、文学技术、历史脉络者为准。其无关宏旨者，概从删削、剔抉。选注者中不乏叶圣陶、茅盾、邹韬奋、傅东华这样的学界翘楚。他们对传统国学了然于胸，于选注自然是举重若轻，驾轻就熟。这样一份业经选注者消化、反刍的国学精神食粮自然更便于国学入门者吸收。

这样一套曾在20世纪初在传播传统文化、普及国学知识方面起到重要的作用的丛书即便今天来看也是历久弥新。中国文史出版社因应时势，邀约深谙国学之行家里手于原辑适当删减、合并、校勘，以30册300余万言，易名《新编学生国学丛书》呈献当今学子。诸书均分段落，作标点，繁难字加注音，以便省览。诸书原均有注释，古籍异释纷如，原已采其较长者，现做适当取舍、增删。诸书较为繁难、多音多义之字，均注现代汉语拼音，以便讽颂。诸书卷首，均有选注者序、述作者生平、本书概要、参考书举要等，凡所以示读者研究门径者，不厌其详，现一仍其旧。

这样一套入门的国学读物，读者苟能熟读而较之，冥默而求之，国学之精要自然神会。

是为序。

校订说明

丛书原名《学生国学文库》，为 20 世纪二三十年代商务印书馆王云五主编《万有文库》之子系，现易名《新编学生国学丛书》，奉献给广大国学爱好者。

原丛书共 60 种，考虑到难易程度、四部平衡、篇幅等因素，在广泛征求专家意见基础上，现删减为 34 种 30 册。

基本保留了原书的篇章结构。因应时势有极少量的删节。

原文部分，均选用通用、权威版本全文校核，参以校订者己见做了必要的校核和改订。为阅读的通顺、便利，未一一标注版本出处。

注释根据原文的结构分别采用段后注、文后注，以便读者省览。原注作了适当增删，基本上保持原文字风格，之乎者也等虚词适当剔除，增删力求通畅、易懂，避免枝蔓。典实、注引做了力所能及的查证，但因才学的有限疏漏可能在所难免。

原书为繁体竖排，现转简体横排。简化按通行规则，但考虑到作为国学读物，普及小学知识亦在情理之中，故而保留了少量通假字、繁体字、异体字，一般都出注说明。或许亦可增加读者的阅读兴趣和扩大知识面。

生僻、多音字作相应注音，原反切、同音、魏妥玛注音，均统一改现代汉语拼音。

国学读物校订，工作浩繁，往往顾此失彼，多有不当处，还望读者指正。

老

子

绪　言

一　辨明老子六疑问

自来传述老子者甚众，以司马迁《史记·老子列传》为最古，而较为可信。其传曰：

老子者，楚苦县厉乡曲仁里人也，姓李氏，名耳，字聃，周守藏室之史也。孔子适周，将问礼于老子。老子曰："子所言者，其人与骨皆已朽矣，独其言在耳。且君子得其时则驾，不得其时则蓬累而行。吾闻之，良贾深藏若虚，君子盛德，容貌若愚。去子之骄气与多欲，态色与淫志，是皆无益于子之身。吾所以告子，若是而已。"孔子去，谓弟子曰："鸟，吾知其能飞；鱼，吾知其能游；兽，吾知其能走。走者可以为网，游者可以为纶，飞者可以为矰。至于龙吾不能知，其乘风云而上天。吾今日见老子，其犹龙邪！"老子修道德，其学以自隐无名为务。居周久之，见周之衰，乃遂去。至关，关令尹喜曰："子将隐矣，强为我著书。"于是老子乃著书上下篇，言道德之意五千余言而去，莫知其所终。或曰：老莱子亦楚人也，著书十五篇，言道家之用，与孔子同时云。盖老子百有六十余岁，或言二百余岁，以其修道而养寿也。自孔子死之后百二十九年，而史记周太史儋见秦献公曰："始秦与周合，合五百岁而离，离七十岁而霸王者出焉。"或曰儋即老子，或曰非也，世莫知其然否。老子，隐君子也。老子之子名宗，宗为魏将，封于段干。宗子注，注子宫，宫玄孙假，假仕于汉孝文帝，而假之子解为胶西王卬太傅，因家于齐焉。世之学老子者，则绌儒学，儒学亦绌老子。"道不同不相为谋"，岂谓是邪？李耳无为自化，清静自正。

司马迁此传，叙事既简，又多疑盖之词。于是后之学者，遂发生以下诸疑问：

（一）老聃与太史儋是否一人？

（二）老子与老莱子是否一人？

（三）老子与孔子问礼之老子是否一人？

（四）老聃与老彭是否一人？

（五）老子之年寿如何？

（六）何以称为老子？

第一疑问，据清儒毕沅之说，则以老聃太史儋本为一人。其言曰：沅案古聃儋字通。《说文解字》有聃字，云耳曼也；又有瞻字，云垂耳也；南方儋耳之国，《大荒北经》《吕览》瞻耳字皆作耽；《说文解字》又有耽字，云耳大垂也。盖三字声义相同，故并借用之。郑康成云："老聃，古寿者之号。"斯为通论矣。

而与毕沅同时之汪中，则以名聃之老子，与名儋之老子为二人，与毕沅说异；而以著道德之意五千余言者为儋，亦与毕沅说同。汪说甚博辩，详见下文第三疑问所引。

第二疑问，据毕沅说，则老子与老莱子是二人。其言云：老子与老莱子是二人。老子苦县人，老莱子楚人；《史记》老莱子著书十五篇，《艺文志》作十六篇，亦为道家言，且与老子同时，故或与老子混而莫辨。沅又案：古者有莱氏，故《左传》有莱驹，老莱子应是莱氏而称老，如列御寇师老商氏，以商氏而称老义同。当时人能久生不死，皆以老推之矣，亦无异说焉。

而汪中则以老莱子与老聃及太史儋各为一人，其言云：

至孔子称老莱子，今见于《太傅礼卫将军文子》篇，《史记·仲尼弟子列传》亦载其说；而所云贫而乐者，与隐君子之文正合。老莱子之为楚人，又见《汉书·艺文志》，盖即苦县厉乡曲仁里也；而老聃之为楚人，则又因老莱子而误。故本传老子语孔子："去子之骄色与多欲，态心与淫志"；而《庄子·外物篇》则曰："老莱子谓孔子去汝躬矜与汝容知。"《国策》载老莱子教孔子语，《孔丛子·抗志篇》以为老莱子语子思；而《说苑·敬慎篇》则以为常枞教老子。然则老莱子之称老子也旧矣，实则三人不相蒙也。

第三疑问，则汪中说，以孔子问礼之老子与著书言道德之老子为二人。其言云：

《史记·孔子世家》云："南宫敬叔与孔子俱适周，问礼，盖见老子云。"《老庄韩申列传》云："孔子适周，将问礼于老子。"按老子言行，今见于《曾子问》者凡四，是孔子之所从学者可信也。夫助葬而遇日食，然且以见星为嫌，止柩以听变，其谨于礼也如是；至其书则曰："礼者忠信之薄，而乱之首也。"下殇之葬，称引周召史佚，其尊信前哲也如是；而其书则曰："圣人不死，大盗不止。"彼此乖违甚矣！故郑注谓古寿考者之称，黄东发《日钞》亦疑之，而皆无以辅其说，其疑一也。本传云："老子，楚苦县厉乡曲仁里人也。"又云："周守藏室之史也。"按周室既东，辛有入晋，司马适秦，史角在鲁，王官之族，或流播于四方，列国之产，惟晋悼尝仕于周，其他固无闻焉；况楚之于周，声教中阻，又非鲁郑之比；且古之典籍旧闻，惟在瞽史，其人并世官宿业，羁旅无所置其身，其疑二也。本传又云："老子隐君子也。"身为王官，不可谓隐，其疑三也。

第四疑问，则郑康成以《论语》老彭为二人，老即老聃，彭即彭祖。包咸、皇侃则以老彭为一人：包以老彭为殷大人；侃以老彭为彭祖，年八百岁。至今人马叙伦，又以彭祖老彭非一人；而殷之老彭与老子又非一人；而《论语》之老彭，即为老子。其言云：

孔子之言曰："述而不作，信而好古，窃比于我老彭。"商之老彭，其事见于《大戴礼》者，不相吻合。而老子五千文中"谷神不死"四语，伪《列子》引为黄帝书，黄帝虽无书，而古来传有此说，后人仰录为书，则许有之，故《吕氏春秋》《贾子新书》皆有引也。又"将欲取之，必姑与之"，此《周书》之辞也；"强梁者不得其死"，此周庙《金人铭》之辞也；"天道无亲，常与善人"，郎颛上便宜七事，以为《周易》之辞：则老子盖张前人之义而说之，不自创作也。又《汉书·艺文志》道家前有伊尹、太公、辛甲、鬻子四家，则道德之旨，不始老子，而有所承。又《礼记·曾子问》记四事，则并述而不作，信而好古之证也。此皆事据灼然。若"彭"之与"聃"，证之音读，自可通假。《说文》彭从壴乡声，则声归侵类；然证之甲文，彭或作𢼸，则段玉裁删其声字是也。壴边之彡，所以表鼓声之彭彭，于声类宜归阳部；《说文》鼛袚一字，《春秋》成十八年《左传》士鲂，《公羊传》作士彭，并可证也。聃声谈类，谈阳之通，若《国策》"更嬴虚发而鸟下"，伪《列子·汤问篇》更作甘，而《说文》諴重文作𧫦，《诗·桑柔》瞻相臧肠狂协音，并其证矣。然使彭如旧说，从壴彡声，则侵谈相通，古亦有征。《少牢礼》有司彻乃𫜪，古文𫜪作寻；《仪礼·士冠礼》执以待于西坫，古文坫为襜，《周礼》钟氏以朱湛丹秫，注读如渐车帷裳之渐，亦并其例矣。然则老子之字聃；而《论语》作彭者，弟子以其方言记之耳。若此事据，古籍多有，《春秋》哀十年《左传》，薛伯夷卒，《公羊传》夷作寅，其一例也。又《论语》加我字于老彭之上，前儒以为亲之之词是也；盖老子宋人而子姓，孔子之同姓，故然。

至第五、第六两疑问，则后之诞妄者，多以老子为长生不死，转相傅会，说至可笑！兹节录陈景元《道德真经藏室纂微开题》之说，以见一斑焉。

老子姓李，名耳，字聃，或字伯阳。按道家经籍所说，则挺生空洞之先，变化自然之妙，而常居天上，代为帝师，此则六合之外事，故略而不论也。非其径庭之语者，举其大概云。老子母感大星而有娠，应见于李氏，降生于商室。于商十八王阳甲之十七年，岁在庚申，寄胎托娠；经八十一年，极太阳九九之数，其母常逍遥李树之下，而生老子。老子生而皓首，故能言，因指李曰："此吾姓也。"又云：父姓李，名无果，母尹氏，名益寿，当商二十二王武丁之九年，岁在庚辰二月十五日卯时生也。或云：老子身长八尺八寸，黄色，美眉，广颡，聃耳，大目，疏齿，方口，厚唇，额有三五达理，日角月渊，鼻有双骨，耳有三漏，足蹈二午，手握十文，盖禀气至清，而受形特异，生于楚国苦县濑乡曲仁里涡水之阴。至纣二十一年丁卯岁，居岐山之阳，西伯闻之，诏为守藏史。武王克商，转为柱下史。历成康之世，潜默卑秩。居周久之，见周衰而退官。至昭王二十五年癸丑岁五月二十九日壬午，乃乘青牛，薄辇车，徐甲为御，遂去周。关令尹喜，周大夫也，姓尹名喜，字阳公，著书九篇，说道德之事，善内学……每望霄汉，有升虚之思。老子未至关时，喜登楼四望，见东方有紫云西迈，知有真人当过京邑，乃戒严门吏，扫路焚香，以俟应兆。至七月十二日甲子，老子到关，喜擎跽曲拳，邀迎就舍，巾栉盥漱，斋戒问道。至于十二月二十五日退官托疾，二十八日授道德二篇。喜叩头请随老子西徂流沙。老子曰："汝未得道，恶能随吾远适！夫流沙异域，犷俗难化，而何术可御邪？唯生道入腹，神明皆存，而能除垢止念，静心守一，千日清斋，炼形入妙，而后可寻吾于蜀郡青羊之肆。其若之何？"喜唯唯而谢。老子忽然腾空，冉冉升乎太微。喜候光景斯散，影响萧寂，楼居清斋，屏绝童隶，诵经三年，精思千日，心凝形释，骨肉都融；已而穷数达变之微，因形移易之妙，无不尽之矣。于是去家，超然高蹈，既往青羊之肆，乃会老子。老子命喜为文始先生，俱游乎流沙之域。或曰：昭王时出关，化导西胡；至幽王时却还中夏，故孔子适周，严事老子而问礼焉……

其怪诞有如此者。其实此五六事，细读《史记》，已甚明白，后人自妄为臆测之耳。兹就《史记》老子本传为之论明如下：

（一）老聃与太史儋非一人　按本传云："盖老子百有六十余岁，或言二百余岁，以其修道而养寿也。自孔子死之后百二十九年，而史记周太史儋见秦献公曰云云。或曰儋即老子，或曰非也，世莫知其然否。"世疑老聃与太史儋为一人者，盖本于此。然本传下文历叙老子之子名宗，宗子注，注子宫，宫玄孙假，假子为胶西王卬太傅，其世系如此之明，则聃之果为儋，老子之裔孙，岂不知之？太史公岂不能访而知之？而所以为是说者，盖汉初好黄老，武帝虽崇儒术，而好神仙，以儋为聃，必当时朝廷上下俱有是说，欲以证明老子之长生不死者，司马迁心知其非，而难于质言，故曰："或曰儋即老子，或曰非也，世莫知其然否。"其不然之意，显然言外矣。且据《史记》所述，则儋乃预言家也；而老子云："前识者道之华，而愚之始。"疾前识如是，其不为一人审矣。

（二）老子与老莱子是二人　按本传言此，尤为明白，其述老子云："老子著书上下篇，言道德之意五千余言而去。"述老莱子云："或曰老莱子，亦楚人也，著书十五篇，言道家之用，与孔子同时云。"言亦楚人，则以为二人明甚。太史公传老子，旁及老莱子，犹《孟荀列传》旁及慎到、剧子、墨子之徒耳。

（三）孔子问礼之老子与著书言道德之老子为一人　按

此《史记》本传所明言，而或以《史记》为误以问礼之老子，熟知礼制。而著书之老子，则非礼也；不知二者原不冲突，老子为周守藏史，故熟知礼制，而孔子问礼焉，又深知世界质文之变，其利害常相倚伏，故痛斥礼文。《礼记》所载答孔子问礼之言，言已往之制度也；其著书之说，与答孔子去骄气与多欲，态色与淫志之言，则戒将来之弊也。至为周守藏史，是前事，而又言为隐君子，则是后事，其中固明言见周之衰乃遂去也。

（四）老聃与老彭　按此条《史记》无说，《论语》所称之老彭，既甚简约，止可付之阙疑。若止据一二声音之相似，妄为断定，大可不必。

（五）老子虽老寿并非不死　按《史记》云："盖老子百有六十岁，或言二百余岁。"是明老子虽寿，其年仍有限，非长生不死也。二百余岁，理固当无；百四五十岁，固非绝对不可者。

（六）老子姓李，老李双声，故李子称为老子　按此《史记》言老子姓李，不言其何故称老；生于李树下之说，《史记》无有，知为后人谬说无疑。李老双声，犹离娄双声也。老聃即李聃之转，古亦有称李聃者，见《六臣本文选景福殿赋》善注。至《史记》本文："姓李氏名耳字伯阳谥曰聃"之言，亦当据王念孙说订正，为"名耳，字聃，姓李氏"，今本盖唐以后之人妄为增改者也。

二 辨老孔不同时之说

老子为与孔子同时人，自来鲜有疑者，至清儒汪中、崔东壁始疑之。今人梁启超更取崔东壁汪中之言而综合之，定老子为战国时代之人，其书为战国时代之书。兹将梁氏在北京大学演讲提出各种证据如下：

（一）从《史记·老庄申韩列传》——以下简称老子列传或列传——中间细看，现在考老子履历，除了《老子列传》，没比他更可靠的了。似是：（甲）列传中说老子的地方，有老聃、老莱子、太史儋三个人：究竟是几个人，司马迁用几个或字，令人莫明其妙。崔东壁说老子不是老聃，汪容甫说老子是太史儋，只是世人多惑俗说，不肯听他们。至于列传叙到年寿，也用或字，究竟是多大高寿？抑是人非人？简直与神话化没有差别。（乙）列传前面是神话，后面才说到几句人话，说道："老子之子名宗，宗为魏将……"查魏为诸侯，在孔子卒后六十七年，老子既与孔子同时，何以他的儿子能做魏将？（丙）列传又说："宗子注，注子宫，宫玄孙假，仕于孝文帝，而假之子解为胶西王卬太傅。"是解为老子八代孙，再查《孔子世家》孔子十三代孙孔安国，为汉景帝时人，当与解同时，一个八代，一个十三代，何以不相符若此？老子必是孔子以后若干年才合。（丁）列传中的神话，仔细研究，大半是从《庄子》的《天道》《天运》《外物》三篇搬来，有的是说老聃，有的是说老子，主名还未确定，何能拿来做根据！庄子自己说，寓言十九，更不能拿来做历史看了。

（二）从孔子、墨子、孟子三人的书中细看，（甲）《史记》载孔子称赞老聃，说"老子其犹龙乎！"详查《论语》一书，知道孔子喜欢称述古之贤人，及当时卿大夫如蘧伯玉、子产诸人，藉今孔子尝称美老聃，何以《论语》反不载其一言呢？（乙）墨子、孟子二人，都是喜攻击反对派的，又是好说话的。若老子与孔子同时，何以他们二人的著作，都不曾说及老子？

（三）拿《曾子问》老聃的话，与老子本书比较，《曾子问》里面的老聃，是否即是著《老子》书的老子，已经前人批评过；若说是一个人，那老聃所说的话，都是拘谨守礼一派，与老子本书的宗旨，不大相同。

（四）从老子本书的思想上细看本书中所说："六亲不和有孝慈……"及"民多利器，国家滋昏……"那样激烈的话，不合春秋时代的思潮。

（五）从老子本书的文字上细看，本书有许多处文字，断非孔子同时的人所说的话：（甲）前人已考出书中，"偏将军居左上将军居右"两句，所谓"偏将军""上将军"，是春秋以后制度。（乙）书中数处说"取天下"，查春秋时霸主争长，不过都是像在太平洋会议席上，想坐首席，并无取天下的意思，何以孔子同时的人，就会有此等言语？（丙）书中如"大军之后，必有凶年"，又"师之所至，荆棘生焉"，查左氏所述大战，不过文字写得轰轰烈烈，其实战线都不过三十里——梁氏所著《历史研究法》，作一百里——战期都不过一日；例如鞌之战，左氏说三周华不注，华不注不过泰山旁一个小山，十五分钟就可绕一周，齐晋打仗，只绕华不注三周，其战事之小，就可想见，哪能就会"必有凶年"，"荆棘生焉"！（丁）书中数言"仁义"，查仁义二字，为孟老先生的专卖品；何以孔子同时的人，就会联用起来？（戊）书中数言"王侯""王公"，查某诸侯称王，是在春秋后数十年，何以孔子同时的人，就会"王侯""王公"联用起来？

以上梁氏之言，录自张煦所撰《梁任公提诉老子时代问题一案判决书》。张氏所驳，甚有见解。兹更采其说，参以鄙见，分别辩之如左：

关于（一）（甲）老聃与老莱子是二人，《史记》本传言之甚明。老聃与太史儋是二人，《史记》本传虽多疑或之辞，然其以为非二人之意则颇明白，详见上文，兹不再赘。其叙年寿亦用或字，则疑以传疑之意，言或而不决，则其不为确信可知，何得谓之神话化！且即令有神话化，则不信其神话化者可也，又乌能因此而定其决不与孔子同时！《史记》《汉书》载高祖事，均有斩白蛇等神话化，亦可以因此尽不信《史记·汉高帝本纪》，而谓高帝不与项羽同时乎？（乙）列传止引太史儋一段似神话化，而前面首述老子国县乡里姓氏名字及官职，次述与孔子问答，次述去周，次及尹喜请著书，皆人事之确然者，何得谓本传前面是神话，后面才说几句人话乎！至于为魏将一节，魏为诸侯，虽在孔子卒后六十七年——柱按当是七十六年，疑原误排——然焉知老子之卒，不后于孔子，若老子之子名宗者，生于孔子卒之年，至魏为诸侯，距孔子之卒七十六年，则宗之年不过七十六岁，岂遂不能为魏将乎？岂宗之年决不能寿至七八十以上乎？张煦云：魏为诸侯，虽在孔子卒后七十年，而晋灭魏以封毕万，早在鲁闵公二年，即孔子卒在一百八十二年，毕万之魏，为晋六卿之一，后又为晋四卿之一，后又灭智伯而为三晋之一，其为三晋之一，仅在孔子卒后二十六年，俨然诸侯，为日已久。古者大夫有家臣，何得谓魏未受命为诸侯之前，不能有将！就说魏必在受命之后，其将始能称魏将，史书本多举后制以名前例，如《左传》生而称谥，又如《史记·黄帝本纪》中有诸侯，在周始有五等之制，黄帝而有诸侯，亦属此例。即如《老子列传》说老子者，楚苦县厉乡曲仁里人也，考苦县本陈国地，楚灭陈在孔子生后四十七年，老子本长于孔子，则实陈人而谓之楚人，皆属此例。据此则老子之子，纵在孔子卒后若干年仕魏，这魏将仕字，亦加得上。（丙）梁氏不信《史记》本传，然安知本传记老子之子孙世代，不有遗漏，何以在彼则决其不可信，在此则决其可信，以为立说之根据乎？吾以谓老子，其大者也，老子之子孙，其小者也，司马迁作本传，大者当不易误，小者或当失考耳。至与孔子之后孔安国相较，一为八代，一为十三代，张煦云：此等地方，不当仅问历世若干，实当并考历年多少，自孔子生年起算，至汉景末年，共四百一十年——煦照《皇极经世》等书推算——老子活几百岁的话，虽不可尽信，总可断定他是享寿百岁左右，或竟在百岁以上，就不能说他的子孙不享高寿。又孔子之父年已六十四，始娶孔子生母——见《史记正义》

引王肃《家语》——此语纵不足信，也不能说古人五十六十岁不能生子。据此则以寿百岁左右的老子之子孙，历世九代，就不能说他不能历时四百年。古者上寿一百二十岁，中寿百岁，下寿八十岁；庄子谓上寿百岁，中寿八十，下寿六十；淮南子亦以七十仅为中寿；孔子年七十三，其子孙十三代中，只子历年及庄子所谓下寿，余或五十余岁，或四十余岁。孔子二十岁生伯鱼——照《索隐》引《家语》及《孔子世家》本文相考——其后十三代，皆不永年，定皆早世得子，则这样的传代，何能作为标准比例！复查《经典释文叙录》载左丘明作《春秋传》（左丘明实亦孔子同时人），以授曾申，申传吴起，七传即至汉文帝时贾谊，以证老子八传至解，有何疑问！必欲以孔子十三传相比，就是想把万牲园站门的长人，和小说上的王矮虎撖作一般长了，世上哪有此理！退一步说，九代人万不能历四百年，那末，《老子列传》说宫玄孙假的玄孙，只《尔雅·释亲》上对曾孙，下对来玄孙，方是第四代，若单言玄孙之玄，无异远祖之远，《说文》玄，幽远也，《东京赋》注引《广雅》，玄，远也，玄字远字，义本相同，远祖本是高曾以上的祖，玄孙自然可说是曾孙以下的孙；据此，就不止八传了。（丁）神话之说，依上甲乙两条，已辩之矣。

关于（二）（甲）《论语》虽为载孔子言行之书，然极不完备，不能以《论语》所不说，便谓孔子无此事；譬如《论语》不说孔子娶妻，便可说孔子无妻乎？况《论语》一书，原有残缺，即如《鲁论》《齐论》《古论》，篇数已各不同，《齐论》多《问王》《知道》二篇，而今失之，安知其称美老聃之言，不在《问王》《知道》二篇之中邪！张煦云：《论语》中说老子的地方，一见于《述而》，再见于《宪问》，《述而》"窃比于我老彭"，老即老子。《述而》二句，即孔子所引成语。老子喜用成语，其书用黄帝《金人铭》的话，已有数处——《金人铭》见于《说苑》，崔东壁指为习黄帝者所托，但崔氏只从伪书的《家语》引出，不知据《说苑》，即见其陋——故孔子引为同调。昔人谓孔子此语，当为修《春秋》而发，太史述旧闻，故孔子以商周两史官为比。据此，则老即老子，毫无疑义。至《宪问》章"或曰以德报怨"，此文见于《老子》，昔人谓或是指老子，其言甚是。（乙）孔子问礼于老子，叹老子犹龙，则老子道德之说，虽与孔子不同，而孔子必深知其用意所在，故不非之。孟子学孔子者也，又安得而非之！又老子以柔胜刚，故其说孟与墨均未之攻击。且原墨子之学，似多本于老子，兼爱即老子之慈，节用即老子之俭，其非攻、非乐之出于老子，尤为显然。且儒与墨反，杨亦与墨反；墨书中虽非别士，然不著非杨之篇，而有《非儒》之题。故即令墨老相违，其不著论攻之，亦犹斯耳。

关于（三）　张煦云：此条拿尼采来做例，自不烦言而解。那《曾子问》中的老聃，拘谨守礼，有何问题！

关于（四）　请试读以下三章之诗，其愤痛为何如？

菀彼桑柔，其下侯旬，捋采其刘，瘼此下民，不殄心忧，仓兄填兮，倬彼昊天，宁不我矜？

四牡骙骙，旟旐有翩，乱生不夷，靡国不泯，民靡有黎，具祸以烬，呜呼有哀，国步斯频！

国步灭资，天不我将，靡所止疑，云徂何往？君子实维，秉心无竞，谁生厉阶，至今为梗？

此诗据序为作于厉王之时，梁氏纵不信古序，但此为孔子以前作品，想梁氏亦难否认；然则孔子之时，春秋之末，其民之呻吟痛苦可知；老子生于其时，发激烈之言论，又有何不可？

关于（五）张煦云：《老子》一书，有人考过其中文字多有窜乱，但没有全考出；若欲从他文字上定时代，必须先做一番考订功夫，定明它孰为原文，孰为窜改，才能说话。查所列除前人说过的"偏将军""上将军"外，其余各处，尚不足证明所用文字曾经窜改，哪里还能拿来否认全书的时代！（甲）古书多后人妄增，或以注文误入正文，读者宜分别观之；若据一二后人误加之说，遂断定其书之年代，则《史记·司马相如列传》赞有扬雄之言，亦可援以定《史记》非司马迁作，或司马迁为扬雄以后之人乎？张煦云：此节在王弼本第三十一章，本章王弼无注，文字原经窜改。考宋晁说之说：王弼注《老子》，自"佳兵者不祥之器"至"战胜以丧礼处之"，非老子之言；明焦弱侯说："兵者不祥之器"下，似古之义疏杂于经者；清四库馆臣说：自"兵者不祥之器"以下至"言以丧礼处之"，似有注语杂入；前人已经见到"偏将军""上将军"是杂入之注疏，不成问题。（乙）张煦云：此句旧注"取，治也"。所以说"取天下常以无事"，即"无为而治"的意思，所以又说"及其事不足以取天下"。

《广雅·释诂》："取，为也。"为治义近，以治训取，义非无据。（丙）此极言其杀人之多，甚之之词耳。如言"周余黎民，靡有孑遗"，岂真无孑遗乎！张煦云：考鞌之战，晋侯许郤克八百乘，照每乘车一两、马四匹、甲士三人、步兵七十二人算，就是六万人，八百辆车，三千二百匹马；还有鲁卫曹狄四国联军不在内，更加上齐国抵敌的军容，能够说是小战吗？晋国的兵，从山西到山东，数千里外去打仗，中间经过卫……国，起先从齐师于莘，到"六月壬申师至于靡笄之下……齐高固入晋师，桀石以投人……"到"辛酉师陈于鞌"，能够说战线不过三十里，战期不过一日的话吗？古书叙战，往往只叙分胜负的那一天，后来史书，犹多如此，有何疑问！我们再论他的军容，仅凭鞌战一部分的八百辆车，三千二百匹马，那些车辙马迹，也要把禾苗踏死，还愁不能致凶年，生荆棘吗？至于华不注在今历城县，与泰安县之泰山，相去数百里，纵是山脉相连，断非在泰山旁边的话！说到三周华不注，是左氏做文章，故《史记·齐世家》叙鞌之战，文虽同左氏，却把这一句删去了。（丁）今人胸中先有成见，要将"仁义"二字，为孟子专卖品，故凡他书先于孟子而言仁义者，皆视为孟子以后之书，真是岂有此理！（戊）张煦云：考吴子寿梦，在《春秋》绝笔前一百零四年已称王，稍后，越亦称王，楚更在《春秋》前称王，老子原籍，与楚接壤，或后竟为楚人，岂有不知楚王！在周做官，岂有不知周王！——夏商周皆称王——何以孔子同时的老子，不会用他？《易·蛊卦》："不事王侯，高尚其事。"不是早已王侯联用吗？《易·坎象》："王公设险，以守其国。"《离象》："六五之吉，离王公也。"不是王公联用吗？

至日本人津田左右吉著《儒道两家关系论》（李继煌译，商务印书馆出版）更谓原无老子其人，其所提疑问，大约与梁启超相同；不过梁尚谓有其人，津田则并谓无其人耳。此事不须深辩，试问周秦诸子，言老子老聃者如此之多，赞成其说者有之，反对其说者有之，彼与老子皆年代相去不远，何以一人伪托之，百人附和之？岂诸子皆未尝学问者邪？由彼辈推论之方法，则虽谓孔子、孟子亦并无其人，亦未尝不可。

三 《老子》书

《老子》之书，本不称经，其称经者，盖后人所追尊，犹《离骚》亦本不名经，而后人妄尊以经名也。其书今分上下篇，八十一章，皆非本真。林希逸云："其上下篇之中，虽有章数，亦犹《系辞》上下然。"河上公分为八十一章，乃曰："上经法天，天数奇，其章三十七；下经法地，地数偶，其章四十四。"严遵又分七十二章，上篇四十，下篇三十二，初非本旨，乃至逐章为之名；皆非也。唐玄宗改定章句，以上篇言道，下篇言德，尤非也。今传本多有异同，或因一字而尽失其一章之意者，识真愈难矣。按《老子》一书，本杂记体，既多错简，而分章亦多不合，兹所论述，仍用八十一章为标题，所以便初学，沿旧例耳；其有大相乖违者，则于解释略言之，其详则拙著《老学八篇新定老子章句》一篇，较为著明，阅者可互考焉！

四　编余语

自来注《老子》者纷纭：大抵言养生者则视为修养之书；言兵者则视为阴谋之言；言佛者则视为虚无之旨；言仙者则视为学仙之诀，其说多怪妄不经。今细审本文，知老子之言，就哲学而论，则为主张天演物竞之说；就政治而论，则为打倒专制政府，反对复古之学说；其对于社会生活，则主张损有余，补不足，抑奢侈，尚俭朴，使贫富阶级，不甚相悬，人之欲望，不致太奢，以求社会秩序之安宁，此其大旨也。

柱去冬有《老子集训》之作，今春有《老学八篇》之作，皆已由上海商务印书馆印行；此二书所见，已各略有不同，兹编所论述，亦复略有差异；此乃学业见解日异之故，阅者幸勿讥其矛盾！

柱于老学，其训诂理论，皆已详于《老子集训》及《老学八篇》中，兹编所述，务求简易，不遑详征博引，阅者欲知其稍详者，请进而参阅彼二书焉。

此编训诂，亦间有与前二书不同者，如"天得一以清，地得一以宁，神得一以灵，谷得一以盈"四句，天与地对，神与谷对，由是可悟谷神之"谷"，亦为与神相对者，其意义当与"神"相近，而有阴阳之异；前人解"谷神"之谷为善为欲，解"谷得一"之谷为山谷之谷，均未得其义。又如"大器晚成"，向之解者，皆以晚为早晚之晚；今按上文"大方无隅"，下文"大音希声"，（第十四章云："听之不闻名希。"）"大象无形"，均无隅与大方相反，希声与大声相反，无形与无象相反，则晚成亦必与大器相反，晚从免声，当有免义，晚成犹言无成，希声犹言无声，与无隅无形文义一例；晚训为无，犹莫字本日暮本字，而训无也。如此等等，均为新近研究之所得，特附述于此。

陈柱

1927 年 11 月 23 日

目　录

一　章

　　道可道，非常道。名可名，非常名①。无名，天地之始；有名，万物之母②。故常无，欲以观其妙；常有，欲以观其徼③。此两者，同出而异名④，同谓之玄⑤。玄之又玄，众妙之门⑥。

----

　　①常者，永久不变之谓。可道可名，则非永久不变，何以故？以凡道之名之，则必有对待故；如云道是生，则有生必有死，而道便当有死矣，如云道是小，则大小之相形本无定，而道之大小不可得言矣。然则一名为道，人将问我以何谓道，我亦竟不能答也；故即道之一名，亦当不可成立，而为便于言说计，不能不强名之为道耳。　　②是故就先于天地之开辟而已有，与同天地之开辟而俱来者而想像之，则绝对不可言说，不可名状者也。故曰无名天地之始。若使一着言说，则有一必有二，由是一生二，二生三，三生万物，而宇宙之内，形形色色，乃不可穷极矣，故曰有名万物之母。　　③欲：读如《庄子·知北游》篇"欲言而忘其所欲言"之欲。无欲：谓忘然无思念，无意识。妙：读如《易经》"妙万物而为言"之妙，谓生天地万物之道也。徼，前人有几种解释：一、归结；二、作"窍"；三、作"皦"解；四、边际。今从四，姑释为"端倪"。　　④两

27

者：指上所言始与母，及妙与徼也。谓以道观之，本无区别，以物观之，始生区别也，故曰此两者同出而异名也。　⑤玄：深黑色，此处指深微幽远。　　　⑥众妙之门：一切精妙变化的总门。

二　章

　　天下皆知美之为美，斯恶已①；皆知善之为善，斯不善已。有无相生，难易相成，长短相较②，高下相盈，音声相和，前后相随③。是以圣人处无为之事，行不言之教④。万物作而不为始，生而不有，为而不恃，功成而弗居。夫唯弗居，是以不去⑤。

----

　　①天下事物，如美恶大小长短苦乐等，莫非对待比较而生，故有美斯有恶矣，有大斯有小矣，有长斯有短矣，有乐斯有苦矣；故严复云："试举一物为喻，譬如空气，为生物所不可少，然不觉眼前食气自由之为幸福也，使其知之，则必有失气之恶。"故曰天下皆知美之为美，斯恶已。　　②较：一本作"形"。③此举有无难易长短高下音声先后等相对待相比较之事，以例美恶及善不善也。音声：犹音响。　　④有美则有恶，有乐则有苦，而求美去恶，愿乐舍苦，此天下人之常情，而天下乃从此多事矣；此物质文明愈进步，而天下所以愈难治也。故圣人欲矫之者，唯有处无为之事，行不言之教而已。不言者，谓不以此善恶苦乐相号召，使民忘于美恶苦乐之间，如鱼之在水而忘水也；鱼在水忘水，则如无水，民在治忘治，则如无治，故曰处无为之事。无为非不为事也，如天地之生物，顺乎生生之

自然，物不知其所得生，而天地亦不自知其所以生之也。

⑤天地生物，既本乎自然，则物之生也不得不生，故曰作弗始也；生之长之，不知其所以然，故曰为而弗恃；因物而为，功成非己，故曰功成而弗居。夫"居"与"去"亦对待之事也。既已不居于前，又孰从而去之于后，故曰夫唯弗居，是以不去。此数句当是他章之错简，本书为初学而作，故一照旧本，以免纷更，则解之于此。

三　章

不尚贤，使民不争；不贵难得之货，使民不为盗；不见可欲，使民心不乱①。是以圣人之治，虚其心②，实其腹，弱其志，强其骨。常使民无知无欲，使夫智者不敢为也。为无为，则无不治③。

----

①贤也，难得之货也，可欲也，此三者，亦对待比较之物也，不尚贤，不以智识阶级压迫群众也，不贵难得之货，不以物质文明迷惑群众也，两者既无，则心无可欲而不乱，故不至酿成阶级之革命矣。　②虚其心：使人民内心清净，没有私欲和忧虑。　③圣人有鉴于此，故其为治也，常虚其心，使无可欲，故其生活之程度，不至逐日增高；常实其腹，使不患饥寒，故生活之事，不至于常感困难；弱其志，则不至冒险而犯天下之不韪；强其骨，则可以努力于工作；如是则民常无知无欲，不惑于外物，则虽有智巧者，亦无所资以为乱矣。如此为治，乃为于无为，一切皆自由平等，斯无不治矣。

四 章

　　道冲，而用之或不盈①。渊兮②，似万物之宗；〔挫其锐，解其纷，和其光，同其尘③，〕湛兮④，似或存。吾不知谁之子，象帝之先⑤。

----

　　①冲：《说文》引作"盅"，云，器虚也。盈：满。不盈：没有穷尽的意思。　　②渊：深远。　　③此章专形道体，"挫其锐"四句，语意不类，当从马叙伦说，定为五十六章错简，解见彼章。　　④湛：深沉，隐约，形容"道"的隐而不显。⑤道之本体，既不可得而言，则其原始亦不可得而说，只觉其似为造物之先而已，不能知其从谁所出也。帝：王弼云："谓天帝。"然此所谓帝，乃自然之代称，非宗教家所谓上帝者比也。严复云："此章专形容道体，当玩'或'字与两'似'字，方为得之；盖道之为物，本无从形容也。"

五　章

　　天地不仁，以万物为刍狗①；圣人不仁，以百姓为刍狗②。天地之间，其犹橐籥③乎！虚而不屈，动而愈出④。多言数穷，不如守中⑤。

----

　　①刍狗：用草扎成的狗，古代祭祀时所用，用毕即抛弃，毫不惜之。　　②不仁：谓任其自然，无仁恩之心也。天地生物，譬如草木，春生秋落，当生而荣，已落则弃而不可复用，明春复生，亦已非此日之花叶矣；圣人于民，亦复如此，何者？盖今日之百姓，已非昔日之百姓，明日之百姓，又非今日百姓，故古之政教，非所以用于今，今之政教，亦非所能用于后也。或曰：《诗·天保》："群黎百姓"。《毛传》云："百姓"谓百官族姓也，老子此章之百姓，当作百官解为最适。百官者，政教之所寄也，以百官为刍狗，官府政教，不可因袭也，此老子反对复古之说也，故庄子常以此诋儒家之称先王，说仁义。
③橐籥（tuó yuè）：古代冶炼时用以鼓风吹火的器具，类似于后世的风箱。橐为箱之外壳，籥为箱内送风之管。　　④王弼云："橐，排橐，籥，乐籥也。橐籥之中空洞，无情无为，故虚而不得穷屈，动而不可竭尽也。天地之中，荡然任自然，故不可得而穷，犹橐籥也。"柱按，此谓天地之间，以空虚而能容物，以

动力而能生物也。此四句，似宜别为一章。　　⑤《庄子·齐物论》云："彼亦一是非，此亦一是非，是亦一无穷，非亦一无穷。"夫是非无穷，则吾穷矣，故不如守中也。数亦多也，多言数穷，犹云多言多穷。此二句亦宜自为一章。守中：即守冲，指守持虚静。

六　章

谷神①不死，是谓玄牝②。玄牝之门，是谓天地根。绵绵若存，用之不勤③。

------

①谷神：道之别名。　②玄牝：玄妙的母性，这里指孕育创生出天地万物的道。　③严复云："以其虚，故曰'谷'；以其因应无穷，故称'神'，以其不屈愈出，故曰'不死'，三者皆道之德也。然犹是可名之物，故不为根。若乃其所以出者，则真不二法门也。"柱谓，此章言生天地万物之本者也，最应注意者为"不死""若存""不勤"三语。不死而已，非生也，若云生，则必有死矣；故《列子》云："不生者能生生，不化者能化化。"又云："生物者不生，化物者不化。"《列子》之"不生"，即释《老子》之"不死"，不死非生，则不生亦非死也。存而非存，故能不屈愈出，非存而存，故能万物毕有，故曰若存，若存云者，非存非亡之谓也，若云是存，则有亡矣，若云是亡，则天地万物何从而生？故曰若存也。不勤：不劳倦，不穷竭。

七 章

　　天长地久。天地所以能长且久者，以其不自生，故能长生①。是以圣人后其身而身先；外其身而身存。非以其无私邪？故能成其私②。

----

　　①天地能生万物。然而天地非自生也，即《列子》所谓生生者不生之意，唯其不自生，故异于物之自生者，而能长生。此云长生，亦即上章不死之意，与寻常之所谓生者异也。
　　②圣人治国亦如此，不自先其身而身常先，不自存其身而身常存，以其无私，故能成其私；喻如有宝器然，私于一家，则出于一家之外为失矣，私于一国，则出于一国之外为失矣，若私于天下，则将安所失乎？此圣人所以无私以成其私也。而或者释为以退为进，目为阴谋，则误矣。

八　章

上善若水①。水善利万物而不争，处众人之所恶，故几于道②。居善地，心善渊③，与善仁，言善信，政善治，事善能，动善时④。夫唯不争，故无尤。

----

①上善：崇高的德行，犹上德。　　②此以水喻圣人不自私，忘己利物，而不与人争也。人人皆欲争其所好，而避其所恶，故不留余地，而豪强兼并，所得者少数人之得，而所失者乃不可胜数也。嗟乎！此帝国主义所以不容于今之世也！上章天地不仁，以万物为刍狗，圣人不仁，以百姓为刍狗，严复谓为"天演开宗语"，然则老子固非不知物竞天择之说者，而常以不争教人，盖深知人类之安宁，在于人类之互助。互助之道，必基于谦让之德，凡异种异国之人，固不得视如毒蛇猛兽之必出于争也。　　③居善地：处于卑下之地。地，低沉之处。心善渊：心静如水那样渊深寂静。　　④"居善地"七句，疑当别为一章；或云：此四句皆圣人利物不争之宝。（李贽说）

九 章

　　持而盈之①，不如其已；揣而锐之②，不可长保。金玉满堂，莫之能守；富贵而骄，自遗其咎。功遂身退，天之道也③。

----

　　①持而盈之：保持盈满的状态，指自满自骄，自我膨胀。②揣：锻造，冶炼。　③老子之学，期乎一切平等，故戒持盈以见官位阶级之不可恃，戒揣锐，以见智识阶级之不可恃，戒金玉满堂，以见资本阶级之不可恃；非提倡阶级革命也，使夫不为之已甚以消患于无形，弭祸于未成耳，故曰功遂身退天之道也。夫若是，则何恃之有？

十　章

　　载营魄抱一①，能无离乎？专气致柔②，能婴儿乎？涤除玄览③，能无疵乎？爱民治国，能无为乎？天门开阖，能为雌乎？明白四达，能无知乎④。〔生之畜之。生而不有，为而不恃，长而不宰，是谓"玄德"⑤。〕

----

　　①营魄抱一：精神贯注，专意于道。营魄，魂魄。抱一，即守道。　　②专气：集聚元气使之不散。　　③览：一本作"鉴"，指明镜，借喻幽深明澈的心灵。　　④《楚辞·远游》："载营魄而登遐兮。"王注："抱我灵魂而上升也。"以抱训载，以灵魂训营魄，此汉人故训。《庄子·庚桑楚篇》载："南荣趎问老子云：'若趎之闻大道，譬犹饮药以加病也，趎愿闻卫生之经而已！'老子曰：'卫生之经，能抱一乎？能勿失乎？能无卜筮而知凶吉乎？能止乎？能已乎？能舍诸人而求诸己乎？能翛然乎？能侗然乎？能儿子乎？儿子终日嗥而嗌不嗄，和之至也；终日握而手不掜，共其德也；终日视而目不瞚，偏不在外也。行不知所之，居不知所为，与物委蛇而同其波，是卫生之经已。'南荣趎曰：'然则是至人之德已乎？'曰：'非也，是乃所谓冰解冻释者，能乎？夫至人者，相与交食乎地，而交乐乎天，不以人物利害相撄，不相与为怪，不相与为谋，不相与为事，翛

39

然而往，侗然而来，是谓卫生之经已。'曰：'然则是至乎？'
曰：'未也。吾固告汝曰，能儿子乎，儿子动不知所为，行不知
所之，身若槁木之枝，而心若死灰，若是者，祸亦不至，福亦
不来，祸福无有，恶有人灾也？'"此《庄子》纯释《老子》《庄
子》之"抱一""勿失"，即《老子》之抱一勿离也，谓神魂精
一，不惑于外物也。儿子终日嗥而嗌不嗄，和之至也，终日握
而手不掜，共其德也云云，即老子专气致柔之说也。无卜筮而
知凶吉，郭象注云："当则吉，过则凶，无所卜也"。即《老子》
涤除玄览能无疵之说也。俞樾云：唐《景龙碑》作"爱民治国
能无为，天门开阖能为雌，明白四达能无知"。其义并胜，当从
之；然则《庄子》"舍诸人而诸己"，即爱民治国能无为之说也。
天门，罗振玉云：敦煌《丙本》门作"地"，然则《庄子》"交
食乎地，交乐乎天"云云，即《老子》天门开阖能为雌之说也。
"儿子动不知所为，行不知所之"云云，即《老子》明白四达能
无知之说也。此章专言卫生之道。　　⑤马叙伦谓"生之畜之"
以下，与上文义不相应，此文为五十一章错简。柱按，马说是也。

40

十一章

三十辐，共一毂①，当其无，有车之用。埏埴以为器②，当其无，有器之用。凿户牖以为室，当其无，有室之用。故有之以为利，无之以为用。

----

①辐：车轮的辐条。毂（gǔ）：车轮中心有圆孔的圆木，四周插辐条，中间空的地方置车轴。　②埏（shān）埴：以水和土为埏，埴为黏土。指和黏土制陶器。

十二章

五色令人目盲；五音令人耳聋；五味令人口爽；驰骋畋猎，令人心发狂；难得之货，令人行妨①。是以圣人为腹不为目②，故去彼取此。

---

①爽：伤也。此极言物质文明之害，盖物质文明愈进步，则人之驰逐于声色货利者日甚，于人可使之目盲，耳聋，口爽，心狂，而不能自已，积之，则国家社会之治安秩序，终受莫大之影响，货利之所至，小者窃物，大者窃国，而天下乃扰攘不安矣，故总之曰难得之货，令人行妨。行妨与目盲耳聋口爽等对文。 ②然则圣人之为治可知矣，宜使之能实其腹，而不迫于饥寒，弱其志而不惑于奢侈，则富人不以奢侈炫天下矣，而贫民亦不至因受生活之压迫，铤而为乱矣，故曰为腹不为目。

十三章

"宠辱若惊，贵大患若身①。"何谓宠辱若惊？宠为下②，得之若惊，失之若惊，是谓宠辱若惊。何谓贵大患若身？吾所以有大患者，为吾有身。及吾无身，吾有何患？故贵以身为天下，若可寄天下；爱以身为天下，若可托天下③。

----

①二语为古语，老子引而解释之。　　②"宠为下"句，当从俞樾说，据陈景元本作"宠为上，辱为下"，谓人所以受宠辱若惊者，因以宠辱有上下之分，故有得宠失宠之惊，受辱亡之惊耳，向使宠不以为宠，辱不以为辱，孰得而惊之乎！
③至于贵与大患，莫如有身，盖所贵莫如生，而生有不可得，大患莫如死，而死终不可免。然此皆以此身为己有者也。《庄子》："汝身非汝有也，乃天地之委形。"知乎此，身非己有，乃天地之所有；忽然而为人，固在天下；化为异物，亦在天下。生非吾生，故生不足贵；死非真死，故死何足患；是"贵以身为天下"，而常生于天下；"爱以身为天下"，而长存于天下也。故曰贵以身为天下，若可寄天下，爱以身为天下，若可托天下。严复谓"若"字作"如此乃"三字解。柱按，此二"若"字，宋河上本均作"者则"二字。

十四章

视之不见，名曰"夷"；听之不闻，名曰"希"；搏之不得，名曰"微"。此三者不可致诘，故混而为一①。其上不皦，其下不昧，绳绳兮不可名，复归于无物。是谓无状之状，无物之象②，是谓惚恍。迎之不见其首，随之不见其后③。执古之道，以御今之有。能知古始，是谓道纪④。

----

①此章言道之本体。盖就物而观之，则有视而见者，听而闻者，搏而得者，自道观之，则视之而不可见，听之而不可闻，搏之而不可得。易顺鼎云：搏当作抟，宋陈抟字希夷，即取此义。夷，希微之称，亦不过强字以至小之名尔。夫既不可见，不可闻，不可得，则无分于视听与搏矣，故曰此三者不可致诘，故混而为一。夷、希、微，这三个词都是用来形容感官所不能把捉的"道"。 ②混而为一，此所谓道也，不为形器所囿，视之而不可见，故曰不皦。皦者，明也。然而物由之而见，故曰不昧。非明非昧，似有非有，似无非无，故曰绳绳不可名，复归于无物。此无物之物，唯涤除玄览，可以观其妙，故名为无状之状，无象之象也。 ③李嘉谋云：惚恍者，出入变化，不主故常之谓也。其来无始，故迎之不见其首，其去无终，故随之不见其后。 ④执古御今者，谓自有史以来，递演递进，

人事进化之迹，治乱起伏之机，莫不由简而繁，由古之世而可递变至于今，则由今之世而递变之者，皆可以预测而知所以御之之术。故曰执古之道，以御今之有也；俗儒或误解为复古，古字从十从口，谓十口相传者也，谓有史以来也。古始则有史之前，虽不可得知，然以古之演为今，则亦可以知古始之演为古，逆而推之，则天地剖判之初，不亦可以意想而得乎！故曰能知古始，是谓道纪。自"执古"以下，文义与上不应，宜别为一章。冯振云：执古之道，犹言"执古之无"，老子书之道与无一也，"古之无"与下"今之有"对文。

十五章

古之善为士者，微妙玄通，深不可识①。夫唯不可识，故强为之容：豫兮若冬涉川②；犹兮若畏四邻；俨兮其若客③；涣兮其若释④；敦兮其若朴；旷兮其若谷；混兮其若浊⑤；孰能浊以静之？徐清；孰能安以动之？徐生⑥。保此道者，不欲盈⑦。夫唯不盈，故能蔽而新成⑧。

----

①"士"字当从俞樾说，据宋河上本作"上"，此形容古时得道之君，其为天下，微妙玄通，深不可识也。　②豫：迟疑貌。若冬涉川：小心翼翼，如履薄冰。　③俨：敬，形容端庄谨严。　④涣：流散的样子。　⑤"强为之容"以下七句，皆形其为天下态度：若冬涉川者，不敢妄进，所以为常天下先也；若畏四邻者，守柔弱，所以保刚强也；若客者，自卑下，所以保高也；若冰之释者，自损蔽，所以保坚实也；若朴者，自亏缺，所以保其盛全也；若谷者，不敢盛盈，所以保其贤也；若浊者，处浊辱，所以保其新鲜也。读《老子》此等处，最当注意"若"字，倘不注意"若"字，则常在浊辱卑弱而无以自存矣，吾国古来之读《老子》者，皆多忽视此字者也；而间有注意及者，则又以为阴谋之说，欲取先予，而不知若之为言，有似是而非之意，其曰若浊，则原非浊而为新鲜，曰若

朴，则原非朴而为盛全，其意甚明；然则若浊若朴云者，谓不以新鲜盛全矜人，虽新鲜而若浊，难盛全而若朴耳；然则本自新鲜，非阴谋以取新鲜，本自盛全，非阴谋以取盛全，不过居新鲜盛全之地，而以若浊若朴之态度，不以阶级凌人，不以阶级炫人，使民心不乱，而争乱不起耳；此老子之术，所以内刚强而外柔弱也。　⑥安：定也。生：进也。此二句当作"孰能晦以理之徐明，孰能浊以静之徐清，孰能安以动之徐生"，（说见拙著《老学八篇新定老子章句》，兹不赘）。谓使民之晦者而能明，浊者而能清，安者而能生之道，在乎理之、静之、动之，使之徐而不疾，渐而不骤，顺其自然而不知其所以然也；故政教递进，而革命之事可以免，何者？盖政争流血之惨，必一方面有使其政教之不得进者，故一方又必欲使之突进，此所以有内战也；老子有见，故以谓晦者固宜使之明，浊者宜使之清，安者固宜使之生，然而理之静之动之之道，当详慎而徐为之也。孰能者言其难能也。　⑦此道：谓徐明徐清徐生之道也。行此道者，亦不欲其盛盈。盛盈，则倾而不能行矣；此亦贵谦下之道也。　⑧能蔽而新成，《淮南子》作"能蔽而不新成"，《景龙本》作"能蔽复成"，今按上文文义，当作"能敝而复成"，谓如此者，虽敝而能使之复成，则浊可以使之复清，乱可以使之复治也。

十六章

致虚极，守静笃。万物并作，吾以观复①。夫物芸芸，各复归其根②。归根曰静，静曰复命。复命曰常③，知常曰明。不知常，妄作凶④。知常容，容乃公，公乃王，王乃天，天乃道，道乃久⑤，没身不殆⑥。

----

①此谓凡有起于虚，动起于静，吾人于道，亦当致虚之极至，守静之真正。致虚：消除心智的干扰，以使内心空明无虑。②不观于万物乎？动作生长，万变千化，而试观其复，则芸芸者终者终各归其本根；归根者何？亦静而已。静者，复其本根之命也，老子盖谓物之生，有其生时之命，其未生时，亦自有其命，生之尽而归根，则亦复其未生时之命而已。生时之命，其动作生长，人所见也，故可谓之动，而未生之命，则人所不能见也，故谓之静，故曰归根曰静，是谓复命。　　③根乃天地生物之原，古今万物之所同归，而不变者也。故曰复命曰常。④人为万物之一，其生固不能无死，然苟使能知此常，则可谓明乎不生不死之道者矣；反是者，则自伤物化，庄子所谓"大冶必以为不祥之金，造化必以为不祥之人"者也。故曰不知常，妄作凶。　　⑤容者，无所不包；公者，荡然公平。　　⑥诚如是，则天地与我并生，万物与我为一（《庄子·齐物论》）。则

大浸稽天而不溺，大旱金石流土山焦而不热矣（《庄子·逍遥游》篇语）。又孰得而殆之，故曰没身不殆，孔子所谓朝闻道，夕死可矣者，其是之谓欤！

十七章

太上，下知有之；其次，亲而誉之；其次，畏之；其次，侮之①。信不足焉，有不信焉。悠兮其贵言，功成事遂，百姓皆谓："我自然。"②

----

① "下知有之"，胡适谓《永乐大典》本、吴澄本，皆作"不知有之"，日本本作"下不知有之"；柱按，《韩非子·难》三篇及《淮南子·主术训》均与旧本同，则旧本是也。此谓太上之民，只知有其应得之赏罚，不言说其是非也。唯其次者方誉其是，又次者乃畏其非，最下者乃侮其非矣，夫政府而至于使人侮，则不足以为政府矣。　　②马其昶本无两"焉"字，云："'其读为岂'，信不足而盟誓作，是贵言也，若夫功成而民不知，岂贵言哉！"

十八章

大道废，有仁义；智慧出，有大伪；六亲不和，有孝慈；国家昏乱，有忠臣①。

----

①太平之世，安有忠臣，安乐之家，岂有孝子，然则睹忠臣之可贵，必其国之昏乱矣，睹孝子之可贵，必其家之不和矣，然则知仁义之可贵，则天下必不仁义者矣，是犹鱼知水之可贵，则必已有失水之患者矣；盖老子之意，以为道德人人平等，无所比较，故不见有仁义，仁义之生，必人与人有不平等者，相比较而后见也。

十九章

绝智弃辩，民利百倍；绝伪弃诈，民复孝慈；绝巧弃利，盗贼无有。此三者以为文，不足①。故令有所属：见素抱朴，少私寡欲②。

----

①此承上章之意，而欲去仁义之世之有阶级时代，而反于道德之世之无阶级时代也。《考工记》云："粤无镈，燕无函，非无镈也，非无函也，夫人而能为镈也，夫人而能为函也。"老子之绝，亦若此而已。然天下人至不齐也，则此三者之文明，安能使天下之皆齐一满足乎，故曰此三者以文未足也。下章"绝学无忧"句，宜据易顺鼎说，移在此章"绝智弃辩"句之上，盖此章四"绝"字，文本一律也；"三者"之"三"，当改为"四"字。　②夫既不能使之足矣，则决不能专以此三者炫惑天下，而当令天下之民有所属矣；于何属之？则见素抱朴，少私寡欲是矣。见素抱朴：外表显现纯真，内心保持质朴。素，没有颜色的丝；朴，没有雕琢的木。

二十章

　　绝学无忧①。唯之与阿，相去几何？美之与恶，相去若何②？人之所畏，不可不畏。荒兮，其未央哉③！众人熙熙，如享太牢，如春登台。我独泊兮，其未兆，如婴儿之未孩；偪偪兮，若无所归④。众人皆有余，而我独若遗⑤。我愚人之心也哉！沌沌兮。俗人昭昭，我独昏昏；俗人察察，我独闷闷。澹兮其若海，飂兮若无止⑥。众人皆有以，而我独顽似鄙⑦。我独异于人，而贵食母⑧。

----

　　①此句当在上章，见上章注。严复谓绝学固无忧，顾其忧非真无也，处忧不知，则其忧等于无耳；非洲鸵鸟之被逐而无覆之也，则埋其头于沙，以不见害己者为无害，老氏绝学之道，岂异此乎！　　②阿者，"诃"之借字。诃者，唯之反；恶者，善之反，在众人则喜唯憎诃，争喜舍恶，而自达人观之，则一耳。　　③然人之所畏者，祸患也，吾岂独不畏乎！故曰人之所畏，亦不可以不畏。然祸福之来，不可测量，故曰荒兮其未央哉。然则吾与众人，当知所处之异矣，以下即屡以众人与己对举，见己与众人之异。　　④享太牢，春登台，言众人迷于美进，惑于荣利，欲进心竞也。泊兮未兆，如婴儿之未孩，言我独廓然无形之可名，无兆之可举，如婴儿之未能孩者然也。

儡儡（lěi）：疲惫的样子。　　⑤谓众人无不有怀有志，盈溢胸中，而我独无为无欲，若遗失之者也。　　⑥众人昭昭，耀其光明，我独昏昏，自居黑暗，众人察察，兢为分别，我独闷闷，自居混沌；故我独能澹兮若晦而情不可睹，飂兮若无所止而无所系。海，当作"晦"，王注云情不可睹，则本作晦。飂（liù）：飘。　　⑦以：用也。顽似，当作"顽以"，犹顽而。谓众人皆欲有所施用，而我独顽而鄙，若无所识者，此皆我所以异于人，而贵乎食母也。　　⑧食母：生之本也。谓我独贵生民之本，众皆贵末饰之华也。此章诸"如""若"等字，亦不可忽视。

二十一章

孔德之容，惟道是从①。道之为物，惟恍惟惚。惚兮恍兮，其中有象；恍兮惚兮，其中有物。窈兮冥兮，其中有精②；其精甚真，其中有信③。自今及古，其名不去④，以阅众甫⑤。吾何以知众甫之状哉⑥？以此。

----

①道德二字，混言则一，析言之则有表里之异。苏辙云："道无形也，及其运而为德，则有容矣，故德者道之见也。"孔：河上注云："大也。"德为道之见，则大德之容，惟道是从矣。②以上八句，形容道体。有象之物，方圆是也；有物之物，金石是也；有精之物，草木虫人是也。惟恍惟惚：若有若无，难以辨认。窈兮冥兮：深远幽暗之貌。　③以夷希微之德，而函三有，甚真故可观妙，有信故可观徼，为一切之因而有果可以验，物之真信，孰愈此者！　④至真之极，不可得名，无名则是其名也。自今及古，无不由此而成，故曰自今及古，其名不去也。　⑤王弼云：众甫，万物之始也，以无名阅物始也。柱按，王注"阅"字，原本作"说"，当是"阅"之讹字，以无名阅万物始，即首章无名天地之始，常无欲以观其妙之意。⑥状：一本作"然"。

二十二章

曲则全①，枉则直，洼则盈②，敝则新③，少则得，多则惑④。是以圣人执一为天下式⑤。不自见，故明；不自是，故彰；不自伐⑥，故有功；不自矜，故长。夫唯不争，故天下莫能与之争。古之所谓"曲则全"者，岂虚言哉！诚全而归之⑦。

----

①曲：委屈。全：保全。　②洼：凹陷，低洼。盈：满。
③敝：破旧。　④严复云："多少二句，开下抱一，一者天下之至少，亦天下之至多。"　⑤王弼云："式，犹则也。"
⑥自伐：自我夸耀。　⑦庄子论老子之学，曰："人皆求福，己独曲全。"曰："苟免于咎。"苟免即曲之意。曲者不求全而能自全，由是推之，虽枉而直，虽洼而盈，虽敝而新，以其有抱一之道，无人我之分也；无人我之分，则不争，不争则自处于一曲，而留其余以处人，人与己各有所处，则各免于争；非惟不争也，我有让于人，人亦且奉于我，是之谓全。此章言处身之道，亦第八章处众人之所恶之意。

二十三章

　　希言自然①。故飘风不终朝，骤雨不终日。孰为此者？天地。天地尚不能久，而况于人乎②！故从事于道者，同于道；德者，同于德；失者，同于失。同于德者，道亦德之；同于失者，道亦失之③。信不足焉，有不信焉④。

---

　　①希言自然：即前所谓不言之教，无为之事也；孔子曰"予欲无言"，即希言也，"天何言哉，四时行焉，百物生焉"，即自然也。　②天不言而四时自行，百物自生，天之恒也，飘风骤雨，非其恒也，故不可久。　③同：谓玄同，不分别，不矜异也。道德仁义礼，玄同则得之，分别矜异则失之，下篇失道而后德，失德而后仁，失仁而后义，失义而礼，即此失字也。老子上道德，而下仁义礼，而又曰："失者同于失。"失即指仁义礼也，然则老子之薄仁义礼，薄其自分别，自矜异耳，若本玄同之道，以从事焉，虽于道德为失，而于仁义礼亦未尝不乐得之也。　④宜从马叙伦说，此二句为十七章错简。重出于此。

二十四章

　　企者不立；跨者不行；自见者不明；自是者不彰；自伐者无功；自矜者不长。其在道也，曰余食赘行。物或恶之，故有道者不处①。

----

　　①此章言违反自然。余食者，食而病者也。赘行者，行而异者也。自见自是自伐自矜，皆害其前功，犹画蛇添足，不惟无功，且以失酒矣。刘师培云："食当为德，德与行对。"食，孙星衍彼注云："《释诂》，'食，伪也'。""伪"与"为"通，"余为""赘行"，文正相对。不处：指有道者不自见，不自是，不自伐，不自矜。

二十五章

有物混成，先天地生。寂兮寥兮，独立不改，周行而不殆，可以为天下母。吾不知其名，字之曰"道"。强为之名曰"大"①。大曰逝，逝曰远，远曰反②。故道大，天大，地大，人亦大③。域中有四大，而人居其一焉。人法地，地法天，天法道，道法自然④。

----

①傅奕本"字"前有"强"字，道本不可得道，而谓之道者，强字之耳。王弼曰："吾所以字之曰道者，取其可言之称最大也。"责其字定之所由，则系于大，大有系则必有分，有分则失其极矣，故强为之名曰大。　②不守一大体，周行无所不至，故曰逝，逝行也。不偏于一逝，周行无所不穷极，故曰远，远极也。反者，严复云："不反则改，不反则殆，此化之所以无往不复也。"反，犹"复"。　③人，原为"王"，从《说文》改作"人"，下"王"字同。人为万物之灵，为天演中最进化之物，故曰人亦大。　④熊季廉云："法者，有所范围而不可过之谓。"王弼云："人不违地，乃在全安，法地也。地不违天，乃得全载，法天也。天不违道，乃得全覆，法道也。道不违自然，乃得其性，法自然者，在方而法方，在圆而法圆，于自然无所违也。自然者，无称之言，穷极之辞也。用智不及无知，

59

而形魄不及精象，精象不及无形，有仪不及无仪，故转相法也。"此章亦形容道体。严复云：老谓之道，《周易》谓之太极，佛谓之自在，西哲谓之第一因，佛又谓之不二法门，万物所由起讫，而学问之归墟也，不生灭，不增减，万化皆对待，而此独立，万物皆迁流，而此不改。

二十六章

重为轻根，静为躁君①。是以君子终日行，不离辎重。虽有荣观，燕处超然②。奈何万乘之主，而以身轻天下？轻则失根③，躁则失君。

----

①王弼云："凡物轻不能载重，小不能镇大，不行者使行，不动者使动，是以重必为轻根，静必为躁君也。"严复云："二语物理之公例，执道御时，则常为静动者矣。"根：本，基础。君：根本，本原。　②李温陵云："有辎重则虽终日行而不为轻，何也？以重为之根也。常燕处，则虽荣观而不为躁，何也？以静为之君也。"荣观：华美的物质生活。　③根，原为"本"，从俞樾说，据《永乐大典》本改，与"君"韵。

二十七章

　　善行无辙迹；善言无瑕谪①；善数不用筹策②；善闭无关楗而不可开③；善结无绳约而不可解④。是以圣人常善救人，故无弃人；常善救物，故无弃物。是谓袭明⑤。故善人者，不善人之师；不善人者，善人之资⑥。不贵其师，不爱其资，虽智大迷，是谓要妙。

----

　　①瑕谪：过错，疵病。　　②筹策：旧时计数用的竹制器具。　　③关楗：插门用的木条，横者谓关，竖者谓楗。
④严复云："《南华经·养生主》篇，即此章注疏，其所以善行善言善数善闭善结，皆不外依乎天理；然何以能依天理，正有事在也。"　　⑤严复又云：管夷吾得此，故能下令如流水之源，又能因祸以为福，转败以为功。　　⑥马其昶云："见不善非徒以为戒，又必教之使善，然后吾之善量足，是不善人正善人为善之资。"

二十八章

知其雄，守其雌，为天下谿。为天下谿，常德不离，复归于婴儿①。知其白，〔守其黑，为天下式。为天下式，常德不忒，复归于无极。知其荣，〕②守其辱，为天下谷。为天下谷，常德乃足，复归于朴。朴散则为器，圣人用之，则为官长，故大制不割③。

----

①王弼云："雄，先之属，雌，后之属也，知为天下之先者，必后也，是以圣人后其身而身先也。谿不求物，而物自归之，婴儿不用智，而合自然之智。"严复云："守雌者必知雄，守黑者必知白，守辱者必知荣，否则雌矣，黑矣，辱矣，天下之至贱者也，其足贵乎！今之用老者，只知有后一句，不知其命脉在前一句也。"婴儿：谓纯朴自然。 ②这六句疑为后人所窜入。 ③王弼云："朴，真也。真散则百行出，殊类生，若器也，圣人因——经文'圣人用之朴。'当从俞说据王注改作因——其分散，故立为官长，以善为师，不善为资，移风易俗，复使归一也。"吕惠卿云："朴者，真之全而物之浑成者也，浑成未为器，则无施不可。器之为物，能大而不能小，能短而不能长，能圆而不能方，故圣人用之以为官长而已。若夫抱朴以制天下者，视天下之理，犹庖丁之解牛，游刃有余地，何事于割哉！"

二十九章

将欲取天下而为之，吾见其不得已①。天下神器②，不可为也，〔不可执也。〕③为者败之，执者失之④。故物或行或随；或歔或吹⑤；或强或羸；或挫或隳⑥。是以圣人去甚，去奢，去泰。

---

①此言为天下为不得已之事。取者，取而临莅之也，《庄子·在宥》篇"故君子不得已而临莅天下"即其义。　②神器：神圣之物。　③据刘师培说补。　④老子以天下为神器，犹斯宾塞以国君为有机体也。（严复说）不可为者，王弼云："万物以自然为性，故可因而不可为也，可通而不可执也。"夫为国亦若是而已。时乎皇则皇，时乎帝则帝，时乎王则王，时乎伯则伯，时乎立宪则立宪，时乎共和则共和，当其势之至，唯有因之通之而已。若非至其时而早为之，或既至其时而固执之，其为败与失，必不能免，何也？违乎自然之则也。
⑤歔：同"嘘"。　⑥挫：一本作"载"。隳（huī）：危。乘车曰载，引申为安；落车为隳，引申为危。行与随，歔与吹，强与羸，载与隳，皆对待之义。有甚行则必有甚随，有甚强则必有甚羸，由是推之，有甚富则必有甚贫，有甚得则必有甚失，有甚荣则必有甚辱，有甚乐则必有甚苦，是以圣人去甚、去奢、去泰也。

三十章

以道佐人主者，不以兵强天下。其事好还。师之所处，荆棘生焉。〔大军之后，必有凶年。〕①善者果而已，不敢以取强。果而勿矜，果而勿伐，果而勿骄，果而不得已，果而勿强②。物壮则老，是谓不道，不道早已③。

----

①当据简帛本删。　②故治兵者，以止戈济难为武，不以兵力侵略天下也；夫止戈济难，不得已之兵也，故曰果而毋得已，果而不强。　③夫物壮必老，兵骄必败，故军阀盛大之日，即其崩溃之时，故曰：是谓不道，不道早已。

三十一章

　　夫兵者，不祥之器，物或恶之，故有道者不处①。君子居则贵左，用兵则贵右。兵者不祥之器，非君子之器，不得已而用之，恬淡为上。胜而不美，而美之者，是乐杀人②。夫乐杀人者，则不可得志于天下矣③。吉事尚左④，凶事尚右。偏将军居左，上将军居右。言以丧礼处之。杀人之众，以悲哀泣之，战胜，以丧礼处之⑤。

----

　　①物或恶之，故有道者不处，帛书甲本作"或恶之，故有欲者弗居"。　　②美之者是乐杀人，孟子所谓善战服上刑也。③孟子曰："不嗜杀人者能一之。"夫乐杀人者，是嗜杀人也，乌能一之！　　④尚左：以左为重，为尊。　　⑤自"吉事尚左"以下，文意浅陋，不类《老子》，当是上文"君子居则贵左，用兵则贵右"之旧注，而误入正文者。

三十二章

　　道常无名，朴①虽小②，天下莫能臣也。侯王若能守之，万物将自宾③。天地相合，以降甘露，民莫之令而自均④。始制有名，名亦既有，夫亦将知止，知止可以不殆⑤。譬道之在天下，犹川谷之于江海⑥。

----

　　①朴：未经雕琢之原木，这里形容道体朴素自然之品格。②小：形容道之隐微而不见。　　③严复谓朴者，物之本质，为五蕴六尘之所附，故朴不可见，任尔如何，所见所觉，皆附朴之物尘耳。臣官皆器也，朴散而后可臣。夫重静朴之德也，为轻根，为躁君，我守其主，则万物又安得而不宾哉！宾：令臣服。　　④王弼云："言天地相合则甘露不求而自降，我守其真性无为，则民不令而自均也。"　　⑤王弼谓始制言朴散始为官长之时也。始制官长，不可不立名分，以定尊卑，故始制有名也。过此以往，将争锥刃之末，故曰名亦既有，夫亦将知止也。遂任名以号物，则失治之母，故知止所以不殆也。⑥马其昶云："水止于江海，则不溢，人止于道，则不殆。"

三十三章

知人者智，自知者明①。胜人者有力，自胜者强。知足者富②，强行者有志③。不失其所者久，死而不亡者寿④。

----

①《韩非子·喻老》篇："庄子曰：'臣患智之如目也，能见百步之外，而不能自明其睫。'"又云："故知之难，不在见人，而在自见，故曰，自见之谓明。" ②老子于道于学，则虚其心而常若不足，所以受之也；于财利，则贵乎知足，而不强求，何者？贫穷二字，从比较而生，日进数金之人，见日进百金者，则自觉不足，而慕彼有余矣，及其日进百金，则亦自觉其百金之不足，而慕他人之日进千金者矣。以是递进，虽累千万，其不足如故，其贫如故也，此世界所不能安宁也。唯有道者则不然，箪食瓢饮，曲肱而枕，乐在其中，所须既少，所欲易足，故虽儋石之储，亦常觉其富也。大抵不足则争，争则物质之文明必进步，而世界杀戮之祸亦逾烈，足则不争，而物质亦不易进步，人类杀戮之祸，亦可以稍戢，此两派互有得失；然大抵为学为道，则常以不足为心，而一人之享受，则恒以足为本，则可免于患，此读《老子》者所当知者也。 ③志士界说在此，惟强行者为有志，亦惟有志者能强行，孔子曰："知其不可而为之。"孟子曰："强恕而行。"又曰："强为善而已。"

德国哲学家葛尔第曰："所谓豪杰者，其心目中有常，他人所谓断做不到者。"凡此皆有志者也。　④万物与我为一，何失之有？天地与我并生，何亡之有！

三十四章

大道氾兮①，其可左右。万物恃之以生而不辞，功成遂事而不名有。衣养万物而不为主②，〔常无欲③，〕可名于小；万物归焉而不为主，可名为大。以其终不自为大，故能成其大④。

----

①氾：同"泛"，谓水漫溢。　②此言大道泛滥，无所不至。绵绵若存，用之不勤，故万物恃之而生而不辞。成功不居，故成功不名有。道法自然，故衣养万物而不为主。　③疑衍。④无思无虑始知道，故道本不可思不可虑，故曰常无欲，可名于小。万物之来由是，其归也亦于是，一任自然，而使之不知孰为之主者，故曰可名为大。简而言之，盖谓大道无所不至，谓之左也可，谓之右也可，谓为物之始也可，谓为物之终也可，谓之小也可，谓之大也亦可，无所不可，斯所以为大也。

三十五章

执大象，天下往①。往而不害，安平太②。乐与饵③，过客止④。道之出口，淡乎其无味，视之不足见，听之不足闻，用之不足既⑤。

---

①王弼云："大象，天象之母也，不寒不热，不温不凉，故能包统万物，无所犯伤。"严复云："人皆有所执，特非大象，大象，道也，即上章万物之所归者。"柱谓此老子崇尚民主政体之说也，盖君主政体之所恃以生存者，恃其有为主焉者尔，使其无此主焉者，则其基本已坏，将不打而自倒矣；主焉者何？则"成功名有""衣养万物而为之主"是也。　②严复云："安，自繇；平，平等；太，合群也。"　③乐与饵：音乐和美食。　④今街市卖饼者尚作乐以招致儿童，老子云：乐与饵，过客止，知古时亦如此，故老子举以为喻也；乐有声可闻，饵有味可食，而皆有形可睹，故足以止过客。　⑤惟道则不然，其出口也淡然无味，视之不见，听之不闻，若无所用者，故不足以止过客。然其无所不有，而用之乃不可既。

三十六章

　　将欲歙之①，必固张之；将欲弱之，必固强之；将欲废之，必固举之；将欲取之，必固与之，是谓微明②。柔弱胜刚强③。鱼不可脱于渊，国之利器不可以示人④。

----

　　①歙（xī）：收敛。　　②此老子以戒人处张强兴之势，所当谨慎者也；盖谓有大焉，将欲歙尔而固张尔，将欲弱尔而固强尔，将去尔而固与尔，将欲夺尔而固予尔者，是谓微明之术，不可不留意也。　　③故唯自守柔弱，使人不得而张之，不得而强之，则可以无祸矣，故曰柔弱胜刚强。　　④此微明之诈术，乃圣知之遗存，故《庄子·胠箧篇》释之曰：圣人不死，大盗不止；虽重圣人以治天下，则是重利盗跖也，故曰鱼不可脱于渊，国之利器不可以示人，彼圣人不死，大盗不止；虽重圣人以治天下也。盖自圣知之术明于天下，而圣知之用乃广，犹鱼之脱于渊矣。

三十七章

道常无为而无不为①。侯王若能守之，万物将自化②。化而欲作，吾将镇之以无名之朴③。无名之朴，夫亦将不欲。不欲以静，天下将自正④。

----

①此言天演之自然演进也。夫由无形而有形，由有形而万物，由万物而有生动，由生动而有人类之灵，何一而非天演物竞交互而来？然虽曰物竞，而此物竞之由来，亦何一而非自然之力？即专就政治而论，由部落而帝皇，由帝皇而民主，亦何一而非自然之演进？即今之声光化电，穷极人工，且无论利用者无一而非自然之物，即此聪明材力之人工，而何尝不从天演之自然而出？故曰道常无为而无不为也。　②是故世运之推迁，历久而进，此乃自然之事，为国者——侯王即古为国者——止宜守其自然之则，因而为之，则万物自然莫不进化矣，故曰侯王若能守之万物将自化。　③然天下事物，莫非对待，利之所在，即害之所从生，文明愈进，而人之欲望亦愈增，则天下之人不得厌其欲望者众矣，故天下必不免乎乱，小则国家之侵伐，大则阶级之竞争，其杀戮之烈，又何一而非文明进化之赐；故善为国者于此，又必思有以镇之，故曰化而欲作，吾将镇之以无名之朴。　④镇之以无名之朴者，不示天下以奢

泰，使天下之人不惑于外物之可欲，不至常受生活之压迫，则或可以免于乱，故曰不欲以静，天下将自正。

三十八章

上德不德，是以有德；下德不失德，是以无德①。上德无为而无以为；〔下德无为而有以为。②〕上仁为之而无以为；上义为之而有以为。上礼为之而莫之应，则攘臂而扔之③。故失道而后德，失德而后仁，失仁而后义，失义而后礼④。夫礼者，忠信之薄，而乱之首⑤。前识者，道之华，而愚之始⑥。是以大丈夫处其厚不居其薄；处其实不居其华。故去彼取此。

----

①天地生物，德之至大也，而天不自以为德，物亦不知其德，此上德不德，所以为德也。帝皇君临天下，务欲施德于民，使之歌功颂德，而爱戴己焉，是利用之术，交易之道，非真德也，此下德不失德，所以为无德也。　　②疑是衍文。
③"上德无为而无不为"，从俞樾说据《韩非子》改如天地之生物，无为也，而万物无不成，是无不为也。下德无为而有以为者，帝皇之施德于民，原欲使民戴己，是有以为也。上仁为之而无以为者，如见嫂溺则不禁援之以手，而不及计较其合礼与否是也。仁者，人也，其字从二人，谓为人而非为己也，一有计较之心，则救与不救，必审乎宜与不宜，是不免为己矣，此上义为之而有以为也；义者，宜也，其字从羊、我，羊者善也，

谓当审于己，宜与不宜，善与不善。仁义行，则有德之之心矣，德之之心，无所表见，故圣知复为礼以表之，其始也莫之应，圣智仍恭让其手足而为之，于是久之而民遂相率而循于礼，则礼之有为益甚矣。仁义与礼，言上不言下者，上者如是，则下者可不言而喻矣。攘臂而扔之：伸出手臂强迫拽人就范于礼。

④道本无名，至德则已有名矣。德者，万物同焉皆得，而不知其所以得之谓也——此指上德，下德同于上义，不得谓之德矣，故曰不德——及其得而有不能同焉者，则大小多寡苦乐之事以起，而后救灾济难之事以兴，如嫂不溺则无救之之仁，必待其溺而后有救之之仁也，故曰失德而后仁。宜与不宜，计较之心既生，则所为之仁，亦不过为己，故曰失仁而后义。礼者，又仁义之表也，譬如父母，以物给子，则子不必揖让以谢，若在君臣朋友，则揖让之礼生矣；又父母以物给子，必不念报答，若在君臣朋友，则报答之礼生矣，故曰失义而后礼。　⑤报答之礼既生，则赠而不报，谓之失礼，于是报答之物，若有不称，则不能无怨怒之念，而天下之乱，乃由是起矣，故曰礼者，忠信之薄，而乱之首也。　⑥圣人为礼之始，俯仰拜跪，人必苦之，而不易听从，故必假神权以为之，曰事神则降福，降福则当报，礼既起于神权，而求福免祸，乃恒人之常情，于是图谶堪舆相人之术以起，人皆迷信之，欲其前识，以免于祸，而古来之帝皇，所为以神道设教，藉神权以愚人之术也，故曰前识者，道之华而愚之始。

三十九章

　　昔之得一者：天得一以清；地得一以宁；神得一以灵；谷得一以盈；万物得一以生；侯王得一以为天下正①。其致之也②，谓天无以清，将恐裂；地无以宁，将恐发③，神无以灵，将恐歇；谷无以盈，将恐竭；万物无以生，将恐灭；侯王无以正，将恐蹶④。故贵以贱为本，高以下为基⑤。是以侯王自称孤、寡、不谷。此非⑥以贱为本邪？非乎？故至誉无誉⑦。是故不欲琭琭如玉，珞珞如石⑧。

----

　　①严复云："是各得之一，即道之散见者也，即德也。"柱谓言昔之得一者，推原其始也。一者，惟初太极，道立于一，即无为而无不为之道，谓天演自然之力也；故天得此一以轻清上浮，地得此一以重浊下宁，神得此一以为灵，谷得此一以为盈，万物得此一以为生，侯王得此一以为天下贞，此谓天演之力，由天地开辟，演进而为生命之源，再演进而为动植之物，由动植之物，再演进而为人类之灵，而人类又由部落而有政府成国家也。又《上篇》以谷神连称，此以神与谷对举，神与谷对举，犹上文天与地对举也。《说文》训神为天神引出万物，则神属于天，由是可知谷属于地。神从申，义主引申，谷从口，义主吸受，谷神二字必指阴阳二性生殖之精与器而言。正：准

则，楷模。　　②"其致之"三字，当从马叙伦说为古注误入正文者。　　③刘师培云：发，读为"废"。"恐发"者，犹言将崩圮也，即地倾之义。　　④"侯王"句当从刘师培说改为"侯王无以贞将恐蹶"。　　⑤故：同"夫"。此别为一章，与上文气不相蒙。严复云："以贱为本，以下为基，亦民主之说。"⑥此非：当从河上本作"此其"。　　⑦至誉无誉：成玄英《庄子疏》云："至誉以无誉为誉。"最高的称誉是无须夸誉的。⑧珞珞：一作"落落"，喻多也，多则为人所贱。马其昶云："人佩玉而弃石，故琭琭落落，显然易别。"

四十章

　　反者道之动①；弱者道之用②。天下万物生于有，有生于无③。

----

　　①此谓天下之物，必有对待，有生则必有死，有成则必有毁，有高则必有下，有贵则必有贱，反复变动，不可究诘，此道之自然也，故曰反也者道之动。　　②凡物之有血气者皆有争心，道尚无为，则不争而守其雌，故曰弱也者道之用。③王弼云："天下之物，皆以有生，有之所始，以无为本。"严复云："无不真无。"

四十一章

上士闻道①，勤而行之；中士闻道，若存若亡②；下士闻道，大笑之③。不笑不足以为道。故建言有之④：明道若昧；进道若退；夷道若纇⑤；上德若谷⑥；大白若辱⑦；广德若不足；建德若偷⑧；质真若渝⑨；大方无隅；大器晚成⑩；大音希声⑪；大象无形；道⑫隐无名。夫唯道，善贷且成⑬。

----

①上士：指古代的知识分子。　②若存若亡：将信将疑，取舍不定。　③道可道，非常道，道安得而闻乎！无思无虑始知道，无处无服始安道，无从无道始得道，此三语见《庄子·知北游》。道安得而勤行乎！而此所以云云者，为世人说法，不得不尔耳，此道之所以不可道，不可道。又不得不道，故强而道之如此也。严复谓勤而行之者，不特有志也，亦其知之甚真，见之甚明之故。大笑者，见其反也。若存若亡者，知而未真，见之未明也。　④"言"字下当从闵本增"者"字，"之"字下当从纪昀说从一本增"曰"字。王弼云："建，犹立也。"　⑤夷：平也。《左传》服注，纇（lèi），不平也。纇与夷正相反。　⑥谷：下也，与"上"反。　⑦辱：黑，与"白"对应。　⑧偷："媮"之借，靡也。媮，与"建"反。　⑨渝：变也。与"真"反。　⑩晚："免"之借。免成：犹

"无成"，与上文之"无隅"，下文之"希声""无形"一例，无
隅与大方相反，希声与大音相反，无形与大象相反，故知免成
与大器相反也，晚借为免，义通于无，犹莫本朝暮本字，而训
为无也。　　⑪希声：无声。第十四章听之不闻名曰希之希。
⑫马叙伦云："道借为大，声之误也。"马说非也，道谓大道，
举道包大，故不云大道也，下文接云夫唯道，正承此道字。
⑬柱按，《庄子·齐物论》云："其分也成也，其成也毁也，凡
物无成与毁，复通为一。"此道之所以善贷且成也。此章诸"若"
字亦不可忽。

四十二章

道生一①，一生二②，二生三，三生万物③。万物负④阴而抱阳，冲气以为和⑤。人之所恶，唯孤、寡、不谷，而王公以为称。故物或损之而益，或益之而损⑥。〔人之所教，我亦教之，强梁者不得其死，吾将以为教父⑦。〕

----

①一：指天地未分时原初混沌的元气，为"道"之最初生成物。　②二：指阴阳二气。　③前章云有生于无，此云道生一，然则老子所谓"无"者，道也。此道也，名之为有，则不可见，不可闻；名之为无，则有之所从生，故《庄子·知北游》篇云："予能无有矣，而未能无无也，及为无有矣，何从至此哉。"严复云："道，太极也，降而生一，言一则二形焉，二者形而对待之理出，故曰二生三。"　④负：《淮南子·道应训》引作"背"。　⑤吴澄云："万物之生，以此冲气，则既生之后，亦必以冲气为用，乃为不失其所以生之本。"　⑥"人之所恶"句至此，必为三十九章之错简。"人之所恶"至"王公以为称"当接"非乎"之下，"故物或损之"二句，当接"无誉"下。　⑦马其昶云："周《金人铭》云：'强梁者不得其死。'此古人之所以教人者，吾亦教之，故举其语而赞之曰：吾将以为教父，言当奉此铭若师保也。"柱按，自"人之所教"下二十一字，与上文意不应，当别为一章。

四十三章

　　天下之至柔，驰骋天下之至坚①。无有入无间②，吾是以知无为之有益。不言之教，无为之益，天下希及之③。

----

　　①严复云："承上章强梁者不得其死而反言之。"　　②严复云："无有入无间，惟以太耳。"　　③希：通"稀"，稀少，罕见。

四十四章

名与身孰亲？身与货孰多？得与亡孰病？甚爱必大费，多藏必厚亡①。故知足不辱，知止不殆，可以长久②。

----

①王弼云："甚爱不与物通，多藏不与物散，求之者多，攻之者众，为物所病，故大费厚亡也。"藏：谓贮藏财货。　②严复云："知足知止，两知字大有事在，不然，亦未可以长久也。"

四十五章

大成若缺，其用不弊。大盈若冲，其用不穷。大直若屈，大巧若拙，大辩若讷。躁胜寒，静胜热。清静为天下正①。

----

①此章诸"若"字，亦当注意，若之云云，则其非真可知，世人皆争于成，而我则若缺以处之；世人皆争于盈，而吾则若冲以用之，则吾之成与他人之成不相妨，而成乃可以不弊矣；吾之盈与他人之盈不相害，而盈乃不穷矣。直巧与赢，亦若斯而已矣。凡物动则生热，静则生寒，故人当寒时则躁动可以胜寒，人当热时，则宁静可以胜热，常于其反而胜之；然则天下之躁热甚矣，我以清静镇之，方可以为天下正也。自"躁胜寒"以下，亦当别为一章。躁胜寒，静胜热：一本作"静胜躁，寒胜热"。

四十六章

天下有道，却走马以粪①。天下无道，戎马生于郊。咎莫大于欲得；祸莫大于不知足，故知足之足，常足矣。

----

①毕沅云："粪下张衡《东京赋》有'车'字。"王弼云：天下有道，知足知止，无求于外，各修其内而已，故却走马以治田粪也。却：止息。粪：一本作"播"。古时"粪"、"播"通用。

四十七章

不出户，知天下；不窥牖，见天道①。其出弥远，其知弥少。是以圣人不行而知，不见而明，不为而成②。

---

①王弼谓事有宗而物有主，途虽殊而同归也，虑虽百而其志一也。道有大常，理有大致，执古之道，可以御今，虽处于今，可以知古始，故不出户窥牖而可知也。　②出弥远，知弥少，不可与上文反对看，作反对看，其义浅矣。其知所以弥少者，以为道固日损也。夫道无不在，苟得其术，虽近取诸身，岂有穷哉！而行彻五洲，学穷千古，亦将但见其会通，而统于一而已矣。是以不行可知也，不见可明也，不为可成也，此得道者之受用也。

87

四十八章

为学日益，为道日损①。损之又损，以至于无为。无为而无不为②。取天下常以无事，及其有事，不足以取天下。

----

①李嘉谋云："为学所以求知，故日益，为道所以去妄，故日损，知不极则损不全，故日益者所以为日损也。"严复云："日益者，内籀之事也，日损者，外籀之事也，其日益也，所以为日损也。"　②无为而无不为：虽然无为，然而没有一件事情不是其所为。

四十九章

圣人无常心，以百姓心为心①。善者，吾善之；不善者，吾亦善之；德善。信者，吾信之；不信者，吾亦信之；德信②。圣人在天下，歙歙焉，为天下浑其心③，百姓皆注其耳目，圣人皆孩之④。

---

① "圣人"句当从景龙本、敦煌本去"常"字为更善。此老子提倡民主之学说也。　②民主之治，取决多数，故众之所善，其善者吾固善之，其不善者吾亦善之而已。信与不信亦如是观。　③ "歙歙"句，马叙伦云："《老子》本文当作歙歙焉，浑浑焉。"歙歙：收敛的意思。　④此谓圣人之在天下，歙歙焉浑浑焉，无所用心，而于百姓耳目之所注，则如慈母之于婴孩焉，固无所不至也。

五十章

出生入死。生之徒，十有三①；死之徒，十有三；人之生〔生〕，动之于死地，亦十有三②；夫何故？以其生生之厚③。盖闻善摄生者，陆行不遇兕虎，入军不被甲兵；兕无所投其角，虎无所用其爪，兵无所容其刃。夫何故？以其无死地④。

----

①徒：通"途"。途径，道路。　②韩非子云：人之身三百六十节，四肢九窍，其大具也。此十三具者之动静尽属于生，属之谓徒也，故曰：生之徒十有三至其死也，此十三具者，皆还而属之死，故曰：死亡徒亦十有三。凡人之生，此十三具者必动，动极则损，损而不止，则生尽，生尽之谓死，故曰：民之生，生而动，动皆之死地，亦十有三。此本《韩非子》原文而有删改。　③夫由生而至于死者何也？以既已为生，则不能无生生之物，譬如食焉，所以使人之生而动也，而动极则损，损极则生尽而归于死，则生生者乃所以为死，此人之所不能免者也，然则其生生之愈厚者，其动也愈甚，而损也亦愈速，故曰以生生之厚。生生之厚：养生过度，指贪得无厌地追求奢侈淫佚的生活。　④《庄子·人间世》篇云："时其饥饱，达其怒心，虎之与人异类，而媚养己者顺也，故其杀者逆也。"夫去

其生生之厚，则于物无夺，而能去其所厚者以养物，是顺物之性，而不逆者也。孰从而害之？夫生生之厚，死地也，无生之厚，故无死地。

五十一章

道生之，德畜之，物形之，势成之①。是以万物莫不尊道而贵德。道之尊，德之贵，夫莫之命而常自然。故道生之，德畜之；长之育之；亭之毒之②；养之覆之。生而不有，为而不恃，长而不宰，是谓"玄德"③。

----

①道者由也，万物由是而生者也，故曰道生之。德者得也，万物得是而后有生者也，故曰德畜之。由是赋形而为物，而此形之所以成，又由乎天地动静之力，故曰势成之也。势者，力也。　②《说文》："亭，民所安定也，引申有安定义。"《广雅·释诂》："毒，安也。"　③玄德：幽深玄远之德。

五十二章

天下有始①，以为天下母②。既得其母，以知其子；既知其子，复守其母③，没身不殆。塞其兑④，闭其门，终身不勤。开其兑，济其事，终身不救⑤。见小曰明，守柔曰强。用其光，复归其明，无遗身殃⑥；是为袭常⑦。

----

①始：原始，开端，指"道"。　②母：根源，也指"道"。
③苏辙云："无名天地之始，有名万物之母，道方无名，则物之所资始也，及其有名，则物之所资生也，故谓之始，又谓之母，其子则万物也，圣人体道以周物，譬如以母知其子，了然无不察也，虽其智能周之，然未尝以物忘道，故终守其母也。"柱谓，母者一而为子者众，得母知子，举一反三之术也，知子守母，御繁以简之道也。　④兑：孔窍，指耳目口鼻等感官。
⑤高延第云："兑口也，口为言所从出，门为人所由行，塞之闭之，不贵多言，不为异行，循其自然，不劳而理，即复守其母之事也。尚口者穷，多为者败，徒长诈伪，无益于事，故不救。"柱按，此亦当别为一章，与上文义不相应。　⑥见小则重分析，而见事理也明，守柔则不夸大，而能自强也久，用其光则知白，故虽涅而不至淄，归其明则守黑，故虽絜而不立异，如是则不至于为善近名，为恶近刑矣。　⑦袭：通行本作"习"。马叙伦云："袭、习古通。"高延第云："袭，因也。"常：常道。

93

五十三章

使我介然有知，行于大道，唯施是畏①。大道甚夷，而人好径。朝甚除，田甚芜，仓甚虚；服文彩，带利剑，厌饮食②，财货有余；是谓盗夸③。非道也哉④！

----

①此谓使吾人介然有知，行于大道，固似甚善也，而无如其易趋于施何！施者邪也，盖大道可行而不可使之介然有知，介然有知，则争端起矣。施（yí）：通"迤"，斜径，斜路。②厌：通"餍"，饱足。　③严复云："今之所谓文明者，自老子观之，其不为盗夸者亦少矣，此社会党虚无党所以日众也。"柱按，盗夸当从《韩非子》改作"盗竽"，竽先则钟瑟皆随，大奸唱则小盗和，富者愈有余，愈豪奢，则贫者欲得之夺之之心亦弥甚，故曰盗竽。盗夸：强盗头子。夸：大，魁。　④句中"也"字一本无。柱按，有者是也，"也"字即"施"之假字，或"施"之坏体，即上行于大道唯施是畏之施，非道也哉，谓盗竽即盗之施者也。

94

五十四章

善建者不拔，善抱者不脱①，子孙以祭祀不辍。修之于身，其德乃真；修之于家，其德乃余；修之于乡，其德乃长；修之于邦②，其德乃丰；修之于天下，其德乃普③。故以身观身，以家观家，以乡观乡，以邦观邦，以天下观天下④。吾何以知天下然哉？以此⑤。

----

①《韩非子》云："一其赵舍，虽见所好之物，不能引之，谓之不拔，一于其情，虽有可欲之类，神不为动之谓不脱。"脱：脱失，脱落。　②汉人避高祖讳，所以本章"邦"字均改为"国"。今改"邦"。　③普：大。　④此即孔子之忠恕，孟子善推所为之义，以我身观人身，而他人之情得，以我家观他家，而他家之情亦得，由是乡国天下，莫不可通，墨子兼爱非攻之义，最与此同。　⑤自"修之于身"以下，与上文义不相应，当别为一章。

五十五章

含德之厚，比于赤子。蜂虿虺蛇不螫①，攫鸟②猛兽不搏③，骨弱筋柔而握固④。未知牝牡之合而朘作⑤，精之至也。终日号而不嗄⑥，和之至也。知和曰常，知常曰明。益生曰祥⑦。心使气曰强，物壮则老，谓之不道，不道早已。

----

①虿（chài）：蝎子一类的毒虫。虺（huǐ）：传说中毒蛇名。
②攫鸟：用脚爪取物如鹰隼一类的鸟。　③一本作"猛兽不据，攫鸟不搏"。　④赤子无求无欲，不犯众物，故毒虫之物无犯之。人也含德之厚者，不犯于物，故无物以损其全也。
⑤朘作：婴孩生殖器举起。朘，婴孩生殖器。作，挺举，翘起。
⑥嗄（shà）：嗓音嘶哑。　⑦祥：为"殃"之假借，墨子书"降之百殃"。毕沅以"为祥之异文，非是，殃，祆也"。生不可益，益之则祆，故庄子云："常因其自然而不益生。"

五十六章

知者不言，言者不知①。塞其兑，闭其门②，挫其锐，解其纷③，和其光，同其尘，是谓"玄同"④。故不可得而亲，不可得而疏；不可得而利，不可得而害；不可得而贵，不可得而贱，故为天下贵。

----

① "知者"二句，当从马叙伦说定为第八十一章错简。
② "塞其兑"二句，亦当从马说，定为五十章错简。 ③纷：纷扰。 ④ "光""尘"义相反，知"锐""纷"义亦相反。纷：物之大而可分者也。《说文》，纷，粗也，纷从分声，是分有大义之证。锐小者挫之，则无所特高，粗大者解之，则无所特大，和其光，则无所特显，同其尘，则无所特贱，是所谓玄同也。

五十七章

以正治国①，以奇用兵，以无事取天下。吾何以知其然哉？以此②：天下多忌讳，而民弥贫；民多利器③，国家滋昏；人多伎巧，奇物滋起；法令滋彰，盗贼多有④。故圣人云："我无为，而民自化；我好静，而民自正；我无事，而民自富；我无欲，而民自朴⑤。"

----

①正：正规，正道，指清静之道。　②高延第谓"此"字指下八句。　③民，一本作"人"。　④此四者，专制政体之真相也。　⑤惟其如此，故唯民主共和足以治之，此老子主张共和之说也。

五十八章

其政闷闷，其民淳淳；其政察察，其民缺缺①。祸兮，福之所倚；福兮，祸之所伏，孰知其极？其无正。正复为奇，善复为妖。人之迷，其日固久②。是以圣人方而不割，廉而不刿，直而不肆，光而不耀③。

----

①王弼云："言善治政者无形无名无事无政可举，闷闷然卒至于大治，故曰其政闷闷也。其名无所争竞，宽大淳淳，故曰其民淳淳也。立刑名，明赏罚。以检奸伪，故曰察察也。殊类分析，民怀争竞，故曰其民缺缺。"　②祸福倚伏，正奇反复，而世人止知福之为福，而不知福之为祸也，故曰人之迷其日固久。　③方则有隅，有隅则割，不割与方反，不刿与廉反，不肆与直反，不耀与光反。刿（guì）：刺伤，划伤。耀：刺亮。

五十九章

治人事天，莫若啬①。夫唯啬，是谓早服②；早服谓之重积德③；重积德则无不克④；无不克则莫知其极⑤；莫知其极，可以有国；有国之母⑥，可以长久；是谓深根固柢⑦，长生久视之道。

----

①《韩非子》云："啬之者爱其精神，啬其知识也，众之人用神也躁，躁则多费，圣人用神也静，静则少费。"啬：节俭。
②《韩非子》云："众人离于患，陷于祸，犹未知退而不服于道理，圣人虽未见祸患之形，虚无服从于道理，以称蚤服。"早服：早作准备。　③《韩非子》云："知治人者其思虑静，知事天者其孔窍虚，思虑静故德不去，孔窍虚则和气入，故曰重积德。"　④《韩非子》云："积德而后神静，神静而后和多，和多而后计得，计得而后能御万物，故曰无不克。"　⑤《韩非子》云："其术远则众人莫见其端末，是以莫知其极。"
⑥《韩非子》云："母者，道也，道也者，生于所以有国之术，故谓之为有国之母"。　⑦柢：树之根。

六十章

治大国，若烹小鲜①。以道莅天下，其鬼不神；非其鬼不神，其神不伤人；非其神不伤人，圣人亦不伤人②。夫两不相伤，故德交归焉③。

----

①王弼云："不扰也，躁则多害，静则全真，故其国弥大而其主弥静，然后可能广得众心也。"小鲜：小鱼。 ②此谓以道莅天下，则一切之神权宗教，昔日以为可以祸福民而藉之以愚民者，均失其用也；不特神权宗教失其用，即圣人之刑赏，昔日视为可以生死人而藉以威民者，亦失其作用也；故曰神不伤人，圣人亦不伤人。非其神不伤人句，当从陶鸿庆说，去"非其"二字，王弼释之云："犹云不知神之为神，亦不知圣人之为圣也，夫恃威网以使物者，治之衰也，不知神圣之为神圣，道之极也。"此说深得老子之旨，盖专制之国用威权，而民主则否，一以平等为归，何威权之有？ ③自"以道莅天下"至末，当别为一章。交：共，都。

101

六十一章

　　大邦者下流①，天下之牝，天下之交也。牝常以静胜牡②，以静为下。故大邦以下小邦，则取小邦；小邦以下大邦，则取大邦。故或下以取，或下而取。大邦不过欲兼畜人。小邦不过欲入事人。夫两者各得所欲，大者宜为下③。

----

　　①下流：指低洼积水之处。　　②牝：雌性；牡：雄性。
③按此章文义浅陋，不似老子文，疑是战国权谋家所增。下：谦卑。

六十二章

　　道者万物之奥。善人之宝，不善人之所保①。美言可以市②，尊行可以加人③。人之不善，何弃之有。故立天子，置三公，虽有拱璧以先驷马，不如坐进此道。古之所以贵此道者何？不曰：求以得，有罪以免耶④？故为天下贵⑤。

----

　　①李哲明云："善人自与道亲，固宝夫道，不善人虽与道远，而恃之而生，亦保于道"。　　②市：取。　　③俞樾云："《淮南子》（道应训、人间训）引此文并作'美言可以市尊，美行可以加人。'是今本脱一'美'字。"柱按，此二句当别为一章。加：逾越，超越，提升。　　④自"故立天子"句至"免耶"文义浅陋，不似老子文。　　⑤此句当次"不善人之所保"下。

六十三章

为无为，事无事①，味无味。大小多少②，〔报怨以德③，〕图难于其易，为大于其细；天下难事，必作于易，天下大事，必作于细。是以圣人终不为大，故能成其大。夫轻诺必寡信，多易必多难。是以圣人犹难之，故终无难矣。

----

①此云为无为，事无事，则谓为于无为之中，事于无事之处甚明，岂如后人之所谓无为乎！　②"大小多少"四字，疑当作"为多于少"；其"大小"二字，则下文"为大于细"之讹脱。　③"报怨以德"句，当从马叙伦说在七十九章"和大怨"上。

六十四章

其安易持，其未兆易谋。其脆易泮，其微易散①。为之于未有，治之于未乱。合抱之木，生于毫末；九层之台，起于累土；千里之行，始于足下②。为者败之，执者失之。是以圣人无为，故无败；无执，故无失。民之从事，常于几成而败之。慎终如始，则无败事。是以圣人欲不欲，不贵难得之货③；学不学④，复众人之所过，以辅万物之自然而不敢为。

----

①王弼云："此四者皆说慎终如始也；不可以无之故而弗持，不可以微之故而不散也，无而弗持则生有焉，微而弗散则生大焉，故虑终之患如始之祸，则无败事。"泮（pàn）：消融，分解。　②熊季廉云："万物生遂成长，唯有一定之秩序，莫知其然而然，庄子曰：'作始也简，将毕也巨。'足与此章相发明，此物理历史之公例也。"　③王弼云："好欲虽微，争尚为之兴，难得之货虽细，贪盗为之起也。"　④学不学，谓学如不学，不以智识阶级矜人也；然则老子亦非真主不学者。

六十五章

古之善为道者，非以明民，将以愚之。民之难治，以其智多①。故以智治国，国之贼；不以智治国，国之福。知此两者，亦稽式②。常知稽式，是谓"玄德"。玄德深矣，远矣，与物反矣③，然后乃至大顺。

----

①王弼云："明谓多见巧诈，蔽其朴也，愚谓无知守真，顺自然也。"柱谓智识愈增，则扰攘愈甚，此自然之势也，虽所进有迟速，而为乱有大小，然智识与战争，必为正比例，而为无可幸免之事。老子之去智，亦不过理论上之消极主张，不能强天下以皆从；然苟有不从焉，则不智者与智者相遇，乃如羊之遇虎，必无幸存矣，此学者所宜留意也。　②稽式：犹"楷式"。　③此老子自言反朴还淳之说，似与世界由质趋文之事相反，其实乃顺乎物性也。

六十六章

　　江海之所以能为百谷王者①，以其善下之，故能为百谷王。是以圣人欲上民，必以言下之；欲先民，必以身后之②。是以圣人处上而民不重，处前而民不害。是以天下乐推而不厌。以其不争，故天下莫能与之争。

----

　　①百谷：《说文》云："泉出通川为谷。"百谷即百川。
　　②马其昶云："圣人欲崇上人，故以言下之，欲推先人，故以身后之，非谓己欲上人先人也。《金人铭》云：'君子知天下之不可上也，故下之，知众人之不可先也，故后之。'此老子之说所自出。"

六十七章

　　〔天下皆谓我："道，大，似不肖。"夫唯大，故似不肖。若肖，久矣其细也夫①！〕我有三宝，持而保之。一曰慈，二曰俭，三曰不敢为天下先。慈故能勇②；俭故能广；不敢为天下先，故能成器长。今舍慈且勇；舍俭且广；舍后且先；死矣！夫慈，以战则胜，以守则固。天将救之，以慈卫之。

----

　　①道可道，非常道，名可名，非常名，可道可名，以其有所肖也。有所肖，故可以言语形容，凡能以言语形容者，皆有所穷者也，乌得为道！是故道也者，无所肖者也，不可以言语形容者也。　　②慈故能勇，则老子之不敢为天下先，非怯也。

六十八章

善为士者，不武；善战者，不怒；善胜敌者，不与；善用人者，为之下。是谓不争之德，是谓用人；是谓配天，古①之极也。

----

① "古"字当从马其昶、奚侗说移在下章首。配天：符合自然的法则。

六十九章

用兵有言①："吾不敢为主，而为客②；不敢进寸，而退尺③。"是谓行无行；攘无臂④；扔无敌；执无兵。祸莫大于轻敌，轻敌几丧吾宝⑤。故抗兵相若，哀者胜矣⑥。

----

①句上当增"古之"二字。　②吴澄云："为主，肇兵端以伐人也，为客，不得已而应敌也。"　③不敢进寸以先人而为祸首，常退尺以让人以弭战祸。　④攘：举起。　⑤自视若无行列可整，无臂可攘，无敌可就，无兵可执，故不敢轻敌。　⑥不得已而用兵，则民必哀愤，故可以胜敌。

七十章

　　吾言甚易知，甚易行。天下莫能知，莫能行。言有宗，事有君①。夫唯无知，是以不我知②。知我者希，则我者贵。是以圣人被褐怀玉③。

----

　　①"言有"二句，当在"吾言甚易知"句上。宗：主旨，主题。　②"无知"当从陶方琦据王弼注改作"有知"。庄子云："彼其真是也，以其不知也，此其似之也，以其忘也，予与若终不近也，以其知之也。"此有知是以不知之说也。　③被褐怀玉：穿着粗布衣服，怀内揣着美玉，比喻不被人了解。被：着；褐：粗布。

七十一章

知不知，尚矣；不知知，病①也。圣人不病，以其病病。夫唯病病，是以不病。

----

①圣人为无为事无事学不学，故知不知也，此所以为上也。夫知尚不知，况不知而可以为知乎！强为知焉，斯病矣。

七十二章

民不畏威①，则大威至②。无狎其所居③，无厌其所生。夫唯不厌，是以不厌。是以圣人自知不自见；自爱不自贵。故去彼取此。

----

①威：威压，威摄。　②威：病乱，祸患。　③狎：通"狭"，压迫，逼迫。

七十三章

勇于敢则杀，勇于不敢则活。此两者，或利或害①。天之所恶，孰知其故？〔是以圣人犹难之②。〕天之道，不争而善胜，不言而善应，不召而自来，繟然而善谋③。天网恢恢，疏而不失。

----

①勇于敢则争，争则彼此相残杀，勇于不敢则让，让则彼此相存活，其为勇一也，而所施者异，利害亦殊。　　②此句宜从景龙本、敦煌本去。　　③此言天演之能事，夫天演人事，交相胜而进步，此世界之所以有今日也；然天人交胜云者，就狭义而言之耳，若就广义而言之，谓天胜人则可，谓人胜天则不可，盖即此几于巧夺天工之人事，亦莫非从天演而来，一切智力，固不能外乎天也。繟（chǎn）：繟然，坦然，安然。

七十四章

　　民不畏死，奈何以死惧之？若使民常畏死，而为奇者，吾将得而杀之，孰敢①？常有司杀者杀②。夫代司杀者杀③，是谓代大匠斫④。夫代大匠斫者，希有不伤其手矣。

----

　　①世之专制君主，孰不以人之畏死，故以死惧其民邪？然使民常畏死，而为奇者吾既得而杀之，尚孰敢为奇乎？然而天下之为奇者固日出而未已也，则知其不畏死矣，故为治之道，非特威势所能也。　　②熊季廉云："天择，司杀者也。"
③代司杀者：专管杀人的人。　　④斫（zhuó）：砍。

七十五章

民之饥，以其上食税之多，是以饥。民之难治，以其上之有为，是以难治。民之轻死，以其上求生之厚，是以轻死①。夫唯无以生为者，是贤于贵生②。

----

① 为上者奢侈，则取于民者既多，而民既已贫矣。而上行下效，民之欲望，亦由是而益奢。是以居不可得之势，而怀必得之念，其铤而走险必矣。老子之言，其意岂浅乎！　②贤：胜过，超过。贵生：以生命为贵，厚养生命。

116

七十六章

人之生也柔弱，其死也坚强。草木之生也柔脆，其死也枯槁。故坚强者死之徒，柔弱者生之徒①。是以兵强则灭，木强则折②。强大处下，柔弱处上。

----

①严复云："老之道，贵因，贵不凝滞，唯柔弱者能之。"
②兵强：指用兵逞强。

七十七章

　　天之道，其犹张弓与？高者抑之，下者举之；有余者损之，不足者补之。天之道，损有余而补不足。人之道，则不然，损不足以奉有余。孰能有余以奉天下？唯有道者①。是以圣人为而不恃，功成而不处，其不欲见贤。

----

　　①此老子主张一切平等之说也。夫贵者愈贵，则贱者愈贱，富者愈富，则贫者愈贫，而天下之富者必少于贫者，贵者必少于贱者，使不设法自损己之所有余，以补他人之不足，而惟日以己所有余者，供己奢侈，则上行下效，而贫民之生活，益日感困难，此阶级之战争，所以终不可免也；此治国者所不能不早为留意者也。

七十八章

天下莫柔弱于水，而攻坚强者莫之能胜，以其无以易之。弱之胜强，柔之胜刚，天下莫不知，莫能行。是以圣人云："受国之垢，是谓社稷主；受国不祥，是为天下王。"正言若反①。

----

①此言处柔居下之旨，老子之恒语也。正言若反：正面的话如同反话。

七十九章

和大怨，必有余怨①；〔报怨以德②，〕安可以为善？是以圣人执左契，而不责于人③。有德司契④，无德司彻⑤。天道无亲，常与善人。

----

①句首当从马叙伦说以六十三章"报怨以德"句移上，谓报怨必当以德，若以怨报怨，必成大怨，尔时难以德和之，其伤不复，已有余怨矣。　　②报怨以德：这句原是六十三章文字，据前人说移入此处。　　③马其昶云："《礼·曲礼》疏两书一札，同而别之，故有左右，郑注以右契为尊。"柱按古人尚右，执左契谓常自处卑下，以和合于人也，契，合也，彻，分也，有德者人己合一，故无怨，无德者人我之界太明，故有余怨也。契：券契。古时借债，刻木为契。　　④司契：掌管契的人。　　⑤彻：周代的一种赋税制度。

八十章

　　小国寡民。使有什伯之器而不用；使民重死而不远徙。虽有舟舆，无所乘之；虽有甲兵，无所陈之。使民复结绳而用之。甘其食，美其服，安其居，乐其俗。邻国相望，鸡犬之声相闻，民至老死，不相往来①。

----

　　①严复云："此古小国民主之治也，而非所以论于今矣。"

八十一章

信言不美①，美言不信。善者不辩，辩者不善。知②者不博，博者不知。圣人不积，既以为人己愈有，既以与人己愈多。天之道，利而不害；圣人之道，为而不争③。

----

①第五十六章"知者不言，言者不知"二语，应据马叙伦说移至本句之上。信言：实话，真话。　②知，读为智。下句同。　③自"圣人不积"以下，当在七十七章"唯有道者"下。

庄

子

绪　言

一

庄子名周,《史记》本传,说是蒙人,《索隐》引刘向《别录》云是宋之蒙人;《汉书·艺文志》道家:《庄子》五十二篇,注曰,名周,宋人。

《史记集解》引《汉书·地理志》曰:蒙县属梁国。据《地理志》,汉之梁国,领睢阳、蒙等七县,本注谓睢阳故宋国,微子所封。汉的梁国,当今河南省商丘市南,蒙故城当今商丘之东北。

《史记》又说庄周尝为蒙之漆园吏;《正义》引《括地志》云:漆园故城在曹州冤句县北十七里……其城古属蒙县。冤句县当今山东省菏泽市西南,与古蒙县相近;《正义》所引云云,当属可信。

庄周的生卒年月,不能详知。《史记》云:周与梁惠王、齐宣王同时。据《庄子》·《逍遥游》《德充符》《秋水》《徐无鬼》等篇之言,则庄子与惠施为友,死在惠施后;惠施曾为梁惠王之相,(见《庄子·秋水》篇,《吕氏春秋·淫辞》篇,高诱注,又《不屈》篇)然则庄周生同梁惠、齐宣之说,亦属可信。《史记》又云:"楚威王闻庄周贤,使使厚币迎之,许以为相;庄周笑谓楚使者曰:'千金,重利;卿相,尊位也。子独不见郊祭之牺牛乎? 养食之数岁,衣以文绣,以入太庙,当是之时,虽欲为孤豚,岂可得乎? 我宁游戏污渎之中自快,无为有国者所羁,终身不仕,以快吾志焉!'"《庄子·秋水》篇亦记此事,惟以神龟取譬,稍与《史记》不同。(《列御寇》篇亦记之,文与《史记》同，惟未言是楚王，疑是后人抄《史记》伪作。）楚威王元年就是梁惠王三十二年，其时梁惠王因屡败于军旅，正卑礼厚币，招致贤者，邹衍、淳于髡、孟子都至梁；又其后数年，齐宣王敬礼文学游说之士，邹衍、淳于髡、田骈、接予、慎到、環渊等七十六人皆赐列第，为上大夫，不治事而坐议；至于第二三流的人物，集"稷下"高议者，多至三千人。但是这两处，庄周皆不与份。各书未言周到过齐国；《秋水》篇言惠施相梁后，周曾至梁访施。据《吕氏春秋》，惠施用事于梁，围赵邯郸，三年勿能拔，士民疲羸，国家空虚，天下之兵大至；又云："惠王布冠而拘于鄄，齐威王几弗受；惠子易衣变冠乘舆而走，几不出乎魏境。"（《不屈》篇）《史记·魏世家》言惠王二十九年，以中山君为相；惠王二十九年，正齐宣王元年，证以《吕览》所称，可知惠施为相当在惠王十年（或再前些）至二十八年之间，而庄周至梁，大概也在这个时期。楚威王聘周，当是更后的事。又据《战国策》，惠施当魏哀王时尚在，姑假定他不及魏昭王之世，则惠施逝世至早在哀昭之间，即西历前三百年顷。庄子死在惠施后，据《徐无鬼》所称，似惠施死已久，而庄子过其墓，则庄周逝世至早亦在西历前二八〇年顷。

　　如上所述，庄周与梁惠王、齐宣王同时，即与孟子同时；然热心排斥异端如孟子，而竟无一言及庄周，殊为可疑。惟细考之，则亦不然。盖孟子之辟异端，与荀子异。荀子是网罗的排击异端，孟子特举异端中之近似"圣道"者，辞而辟之，所谓恶紫之夺朱也；故对于杨、墨，则特举而攻击之，于许行亦然。余如兵家、纵横家等，仅有一度概括的排击，见于《离娄》上篇，而亦未举家派及人名。至若庄周的学说，与孔门显然大异，故不在特举排斥之列。这是一个理由。又庄子主逍遥出世，而孟子要"用世"，二人在思想上虽截然反对，而在行动上却不相妨碍；孟子所热心攻击的，正是那班与己争用世的异端，庄子既与孟子无所争，故孟子也就放过了。这是又一理由。

所以孟子之未言及庄周，是不足怪的。

二

《汉书·艺文志》"道家"，著录《庄子》五十二篇；今所传者，三十三篇，即《内篇》七，《外篇》十五，《杂篇》十一。据《经典释文》，古来注家把五十二篇全注的，惟司马彪与孟氏二家；余如崔譔、向秀、郭象、李颐等，则因五十二篇中言多诡诞，或似《山海经》，或类《占梦书》，故以意去取，或稍取《外篇》而全弃《杂篇》，或外杂并采若干，惟《内篇》全取，则众家所同。今各家注本皆亡，惟传郭象注本，计《内篇》七：《逍遥游》《齐物论》《养生主》《人间世》《德充符》《大宗师》《应帝王》是也；《外篇》十五：《骈拇》《马蹄》《胠箧》《在宥》《天地》《天道》《天运》《刻意》《缮性》《秋水》《至乐》《达生》《山木》《田子方》《知北游》是也；《杂篇》十一：《庚桑楚》《徐无鬼》《则阳》《外物》《寓言》《让王》《盗跖》《说剑》《渔父》《列御寇》《天下》是也。共三十三篇。此外逸篇篇名，往往散见诸书。《经典释文》引郭象言，有《阏奕》《意修之首》《危言》《游凫》《子胥》等篇名。《史记》本传谓："《畏累虚》《亢桑子》之属，皆空语无事实。"《索隐》称《畏累虚》乃篇名。（又谓：即老聃弟子；亢桑子即庚桑楚，今本《庄子》有《庚桑楚》篇，云是老聃弟子。）又《北齐书》杜弼传，言弼曾注《庄子·惠施》篇。而《后汉书》《文选注》《艺文类聚》等书引《庄子》语，亦多不见今本中；严君平《道德指归论》所引亦然。这些，料想都是三十三篇外逸篇中的文句了。

五十二篇佚存三十三篇，似乎是极可惜的；但我们也要知道今传三十三篇中确实可信是真的，只有《内篇》七篇，其余《外篇》十五，《杂篇》十一，大半是假造的，至好亦不过是弟子们的追记。据《经典释文》，崔、向诸家并保存《内篇》，可知五十二篇内所逸失的，只是《杂篇》《外篇》；经典释文又云："言多诡诞，或似《山海经》，或类《占梦书》，故注者以意去取。"可知今传之《外篇》十五、《杂篇》十一尚是比较好些的，故郭象取之。然则五十二篇的《庄子》虽佚存至三十三篇，但又幸而所逸者，只是些肤浅的伪作。

苏轼《庄子祠堂记》云："……然余尝疑《盗跖》《渔父》则若真诋孔子者。至于《让王》《说剑》皆浅陋不入于道。反而观之，得其《寓言》之终，曰：阳子居西游于秦，遇老子。老子曰：'而睢睢盱盱，而谁与居？大白若辱，盛德若不足。'阳子居蹴然变容曰：'敬闻命矣。其往也，舍者迎将其家……其反也，舍者与之争席矣。'去其《让王》《说剑》《渔父》《盗跖》四篇，以合于《列御寇》之篇曰：列御寇之齐，中道而反……曰：'吾惊焉……吾尝食于十饔，而五饔先馈。'然后悟而笑曰：'是固一章也。'庄子之言未终，而昧者剿之，以入其言。"子瞻此论，极有见地。然《让王》等四篇则诚为伪作了，而《列御寇》篇且记庄子将死，弟子要厚葬之，则《列御寇》篇亦不可信——至多不过是弟子所作。其余诸篇，《天下》大概是战国末时人所作的一篇"后序"，说明庄子在当时思想界的地位，可断言非庄子所作；《刻意》《缮性》二篇，罗勉学谓其浅陋，则已疑之；《徐无鬼》《则阳》《外物》等，仅取内篇中已见之旨，反覆取譬，了无精义，疑亦后人杂凑伪作。惟《秋水》《马蹄》《胠箧》三篇,文义并胜,尚属可信。《胠箧》篇言"田成子十二世有齐国",而自田成子至齐亡时,仅得十二世,故疑此篇亦非庄子自作。然《马蹄》《胠箧》二篇并为庄子无治主义(或称无政府主义)的结晶,虽小可疑,而大体可信。《寓言》篇乃庄子自释文例,当是一篇自序,也可信是庄子自作。故外、杂篇共二十六篇。真者只居其半数。

苏轼谓:"凡分章名篇,皆出于世俗,非庄子本意。"(《庄子祠堂记》)此因庄子《内篇》篇名皆有意义,《外篇》及《杂篇》则取本篇首句二字或三字以题名,故来苏轼之疑。然篇分内外,实为当时的习惯;称外篇者,大都为弟子所作,称内篇者,大都为弟子记录师言,或竟为师之亲笔。以此说证庄子内外杂三篇的内容,并无不合。子瞻所言非是。

三

汉代言道家者,常举黄老、老文,罕言老庄。老庄并称,大概始于晋代。当时达官名士,都喜《庄子》。《世说新语》言:"庾子嵩读《庄子》,开卷一尺许,便放去,曰:'了不异人意!'"又言:"阮宣子有令闻,太尉王夷甫见而问曰:'老庄与圣教同异?'对曰:'将无同。'太尉善其言,辟之为掾。"(并见《世说》二《文学》)这两段话,一正一反,都可以看出《庄子》在那时是如何的风行。然当时一般文人只是好谭《庄子》,并没多少人去研究《庄子》。刘孝标注《世说》,引向秀别传云:"秀与嵇康、吕安为友……后秀将注《庄子》,先以告康、安。康、安咸曰:'此书讵复须注,徒弃人作乐事耳!'及成,以示二子。康曰:'尔故复胜不?'安乃惊曰:'庄周不死矣!'"(《晋书》向秀传谓秀注既成,以示康、安曰:"故复胜不?"二子读之始叹服。)可知那时的文士大都只是剽掠《庄子》上的话头以为"玄谭",并没人把《庄子》来研究;向秀用了苦功去注释,便被人目为迂腐。

《世说新语》又云:"初注《庄子》者数十家,莫能究其旨要;向秀于旧注外,为《解义》,妙析奇致,大畅玄风,惟《秋水》《至乐》未竟而秀卒。秀子幼,《义》遂零落,然犹有别本。郭象者,为人薄行,有俊才,见秀《义》不传于世,遂窃以为己注;乃自注《秋水》《至乐》二篇,又易《马蹄》一篇,其余众篇,或定点文句而已。后秀《义》别本出,故今有向、郭二《庄》,其义一也。"(又《晋书》五十,郭象本传,文句并同)今通行郭象注本,向注早已亡失。(陈振孙谓向秀之注,宋代已不传。)据上所引,郭注实窃向注,似无可疑。然钱曾《读书敏求记》谓世代辽远,传闻异词,《晋书》云云,恐未必信。今以《世说》《晋书》所云,合之《经典释文》所记,诚有足资人疑惑者。据《经典释文》,向秀注《庄子》篇数,有二十六、二十七、二十八、三说,并谓向注无《杂篇》;但今传郭注,共三十三篇,其中《杂篇》占十一,与《释文》所谓"向注无《杂篇》",固已不符;且《世说》谓象仅加注《秋水》《至乐》二篇,改易《马蹄》一篇,则即依《释文》所记向注篇数三说中之最后说——二十八篇——言之,亦仅三十篇,何来三十三篇之多? 此等疑点,足为郭象辩护。但是今考《经典释文》及张湛《列子注》等所引向、郭二家之注,并皆大同小异;如果郭注实由创作,安能与向注冥合若是? 可知郭象窃取向注之说,并非全无根据。至于篇数不符,及无《杂篇》与有《杂篇》之别,设非《释文》误记,或系郭象取向注离合为三十三篇,且分其中数篇命为《杂篇》,可是这都不能深考了。又按《秋水》篇"与道大蹇"句,《释文》云:"蹇,向,纪辇反";又"罍空之在于大泽"句,《释文》云:"罍,力罪反,向同";又"证乡古今"句,《释文》云:"乡,向、郭云,明也";又"捕鼠不如狸狌"句,《释文》云:"狌,音姓,向同";然则《秋水》篇也是有向注的。

向、郭以前,注《庄子》者已有数十家;向、郭以后,至明代,注者更多。惜大半逸亡。据明焦竑《庄子翼》所列引用书目,自郭象以下凡二十二家;旁引他说,互相发明者,自支遁以下凡十六家;又章句音义,自郭象以下,凡十一家。(焦竑引书名虽多,实惟郭象、吕惠卿、褚伯秀、罗勉道、陆西星五家之说为多,其余特间出数条,略备家数而已。)然都不及郭注之精审。近百年中,考据家校读古书,用力甚勤,发见甚多,而《庄子》则因旧有《释文》,讨治者反寡。仅王念孙、洪颐煊、孙诒让、俞樾等人,各举数十条而已。又有综合诸家之说而为集解者,有郭庆藩的《庄子集释》与王先谦的《庄子集解》。至于疏解义理,从事者更少。章炳麟作《齐物论释》,以"唯识"解《庄子》,最为特出。

自晋以来,对于《庄子》的研究,略如上述。

四

《庄子·天下》篇批评庄子的学说道:"芴漠无形,变化无常;死与生与?天地并与?神明往与?芒乎何之?忽乎何适?万物毕罗,莫足以归——古之道术有在于是者,庄周闻其风而悦之。以谬悠之说,荒唐之言,无端崖之辞,时恣纵而傥,不以觭见之也。以天下为沉浊,不可与庄语;以卮言为曼衍,以重言为真,以寓言为广。独与天地精神往来,而不敖倪于万物,不谴是非,以与世俗处。其书虽瑰玮,而连犿无伤也;其辞虽参差,而諔诡可观。彼其充实,不可以已。上与造物者游,而下与外死生、无终始者为友。其于本也,弘大而辟,深闳而肆;其于宗也,可谓稠适而上遂矣。虽然,其应于化而解于物也,其理不竭,其来不蜕;芒乎昧乎,未之尽者!"这一段话,批评庄子的学说,极为精当。"独与天地精神往来,而不敖倪于物;不谴是非,以与世俗处;上与造物者游,而下与外死生、无终始者为友。"这几句话,便是庄子思想的概要。庄子那个时代,中国七雄并立,连年战争,民众所受的痛苦极烈;而思想界又混乱不堪,儒墨各是其所是,而非其所非,公孙龙等的诡辩,益使人迷乱而不知所从;在这种环境里,否定一切的虚无主义自然会产生,庄子即其代表者。庄子把"有无","大小","是非","善恶"……等等分别,一律否定;他并且把自身存在的价值也否定了。《大宗师》里说子舆有病,子祀问他:"女恶之乎?"子舆答道:"亡。予何恶?浸假而化予之左臂以为鸡,予因以求时夜。浸假而化予之右臂以为弹,予因以求鸮炙。浸假而化予之尻以为轮,以神为马,予因而乘之,岂更驾哉?……"这便是庄子自道。

因为庄子的根本思想是虚无主义,所以他把当时的兵乱苛政全不算一回事;他没有提出过一条"拨乱反之正"的方案。他不赞成那时的政治,也不赞成那时的各派思想;但是他尽管攻击别人,却不肯积极的和他所不赞成的思想争有天下。因为如果去争,便与他的"独与天地精神往来,而不敖倪于物;不谴是非,以与世俗处"的宗旨相反了。

庄子的政治思想极近于近代的无治主义(即无政府主义)。《马蹄》篇里说:"马:蹄可以践霜雪,毛可以御风寒;龁草饮水,翘足而陆。此马之真性也。虽有义台路寝,无所用之。及至伯乐曰:

'我善治马',烧之剔之,刻之雒之,连之以羁馽,编之以皂栈,马之死者十二三矣。饥之渴之,驰之骤之,整之齐之,前有橛饰之患,而后有鞭筴之威,而马之死者已过半矣。陶者曰:'我善治埴;圆者中规,方者中矩。'匠人曰:'我善治木;曲者中钩,直者应绳。'夫埴木之性,岂欲中规矩钩绳哉?然且世世称之曰:伯乐善治马,而陶匠善治埴木。此亦治天下者之过也。"《胠箧》篇里说:"擿玉毁珠,小盗不起。焚符破玺,而民朴鄙。掊斗折衡,而民不争。"又说:"昔者容成氏、大庭氏、伯皇氏、中央氏、栗陆氏、骊畜氏、轩辕氏、赫胥氏、尊卢氏、祝融氏、伏羲氏、神农氏,当是时也,民结绳而用之,甘其食,美其服,乐其俗,安其居,邻国相望,鸡狗之音相闻,民至老死而不相往来。若此之时,则至治已。"看这几节话,我们知道庄子认定政治上的干涉主义是扰乱之源,去了干涉,任其自然,天下就太平了。他以为盗贼是治盗贼的法律所养成的,故曰:"圣人不死,大盗不止","掊击圣人,纵舍盗贼,而天下始治矣"。这岂不是和近代无治主义者之所云极相近么?又庄子称古代"民结绳而用之,甘其食,美其服,乐其俗,安其居"为"至治",可知他的理想社会只是人类历史最初期的原始共产社会;这却和近代无治主义者所描写——或竟可说是梦想——的理想世界,很不相同了。庄子推求原始共产社会所以破坏之故,以为全因有了圣人来制礼作乐,鼓吹仁义,以至民争归于利,不可复止,而天下每每大乱;故他以为只要废礼乐,弃仁义,黜圣人,便可以回到从前的原始共产社会。他竟没想到事情原来不是这样简单的。

总之,庄子的根本思想是怀疑到极端后否定一切的虚无主义;庄子的人生观是一切达观,超出乎形骸之外的出世主义。向来人只说庄子偏激，实在庄子的议论或有似于偏激，可是他的行为却中和平易之至。他否定一切，固然像是高超，固然像是极革命的，但是他把一切都看作毫无价值，失了自己进取的地步，故只能逍遥物外，竟成了进步革命的障碍物。依庄子的处世哲学，所谓愿为"祥金"，愿为"不材之术"，最好不过造成一种不关社会痛痒，不问民生痛苦，乐天安命，听其自然的废物，下焉者且成为阿谀依违，苟且媚世的无耻小人！这话并不是无理由的武断，有史事可以为证。《庄子》岂不是盛于晋代么？那时的智识阶级岂不是除了几个谭玄自乐的废物外，只有些阿谀两可的无耻小人么？

但在中国古代思想史上，庄子自有他的地位；他是他那时代的产儿。在战国政治昏暗、民生痛苦、思想混乱的环境里，发生庄子那样的思想，原不足怪。我们如果据研究古代思想史的立点而言，则《庄子》一书本身的价值及其对于后代思想（例如晋代）的影响，都不容忽视；它是我们古代思想史上极重要的一页。但若我们不是取历史的研究的态度，而思行庄子之道于今之世，那就犯了"时代错误"的毛病了，也是我们应该注意的。

沈德鸿

1925 年 5 月 14 日

目　录

逍遥游

北冥有鱼①，其名为鲲。鲲之大，不知其几千里也。化而为鸟，其名为鹏。鹏之背，不知其几千里也。怒而飞，其翼若垂天之云。是鸟也，海运②则将徙于南冥。南冥者，天池也。

《齐谐》③者，志怪者也。《谐》之言曰："鹏之徙于南冥也，水击三千里，抟扶摇而上者九万里④，去以六月息者也。"野马⑤也，尘埃也，生物之以息相吹也。天之苍苍，其正色邪？其远而无所至极邪？其视下也，亦若是则已矣。

且夫水之积也不厚，则其负大舟也无力。覆杯水于坳堂⑥之上，则芥为之舟；置杯焉则胶，水浅而舟大也。风之积也不厚，则其负大翼也无力。故九万里，则风斯在下矣，而后乃今培风⑦；背负青天而莫之夭阏⑧者，而后乃今将图南⑨。

蜩与学鸠笑之曰⑩："我决起⑪而飞，抢榆枋⑫，时则不至而控于地而已矣，奚以之九万里而南为？"适莽苍者，三餐而反⑬，腹犹果然⑭；适百里者，宿舂粮；适千里者，三月聚粮。之二虫又何知！

小知不及大知，小年不及大年。奚以知其然也？朝菌不知晦朔⑮，蟪蛄⑯不知春秋，此小年也。楚之南有冥灵者，以五百岁为春，五百岁为秋；上古有大椿者，以八千岁为春，八千岁为秋，此大年也。而彭祖乃今以久特闻，众人匹之，不亦悲乎！

汤之问棘也是已⑰：汤问棘曰："上下四方有极乎？"棘曰："无极之外，复无极也。穷发之北有冥海者，天池也。有鱼焉，其广数千里，未有知其修者，其名为鲲。有鸟焉，其名为鹏，背若太山，翼若垂天之云，抟扶摇羊角而上者九万里，绝云气，负青天，然后图南，且适南冥也。斥鴳⑱笑之曰：'彼且奚适也？我腾跃而上，不过数仞而下，翱翔蓬蒿之间，此亦飞之至也。而彼且奚适也？'"此小大之辩也。

故夫知效⑲一官，行比⑳一乡，德合一君，而征一国者，其自视也亦若此矣。而宋荣子㉑犹然笑之。且举世而誉之而不加劝，举世而非之而不加沮，定乎内外之分，辩乎荣辱之境，斯已矣。彼其于世未数数然也。虽然，犹有未树也。夫列子御风而行，泠然㉒善也，旬有五日而后反。彼于致福者，未数数然也。此虽免乎行，犹有所待者也。

若夫乘天地之正，而御六气之辩，以游无穷者，彼且恶乎待哉！

故曰：至人无己，神人无功，圣人无名。

尧让天下于许由㉓，曰："日月出矣，而爝火㉔不息，其于光也，不亦难乎！时雨降矣，而犹浸灌，其于泽也，不亦劳乎！夫子立，而天下治，而我犹尸之，吾自视缺然。请致天下。"

许由曰："子治天下，天下既已治也。而我犹代子，吾将为名乎？名者，实之宾也。吾将为宾乎？鹪鹩㉕巢于深林，不过一枝；偃鼠㉖饮河，不过满腹。归休乎君，予无所用天下为！庖人虽不治庖，尸祝不越樽俎而代之矣㉗。"

肩吾问于连叔曰㉘："吾闻言于接舆㉙，大而无当，往而不返。吾惊怖其言，犹河汉而无极也；大有径庭，不近人情焉。"连叔曰："其言谓何哉？"曰："藐姑射之山，有神人居焉。肌肤若冰雪，绰约若处子；不食五谷，吸风饮露；乘云气，御飞龙，而游乎四海之外；其神凝，使物不疵疠㉚而年谷熟。'吾以是狂而不信也。"

连叔曰："然，瞽者㉛无以与乎文章之观，聋者无以与乎钟鼓之声。岂唯形骸有聋盲哉？夫知亦有之。是其言也，犹时女也。之人也，之德也，将旁礴万物以为一，世蕲乎乱，孰弊弊㉜焉以天下为事！之人也，物莫之伤，大浸稽天而不溺，大旱金石流、土山焦而不热。是其尘垢秕糠，将犹陶铸尧舜者也，孰肯以物为事！"

宋人资章甫㉝而适诸越，越人断发文身，无所用之。尧治天下之民，平海内之政，往见四子藐姑射之山，汾水之阳，窅然㉞丧其天下焉。

惠子谓庄子曰："魏王贻我大瓠㉟之种，我树之成而实五石，以盛水浆，其坚不能自举也；剖之以为瓢，则瓠落无所容。非不呺然㊱大也，吾为其无用而掊之。"

庄子曰："夫子固拙于用大矣。宋人有善为不龟手之药

139

者，世世以洴澼絖㉝为事。客闻之，请买其方百金。聚族而谋曰：'我世世为洴澼絖，不过数金；今一朝而鬻技百金，请与之。'客得之，以说吴王。越有难，吴王使之将。冬与越人水战，大败越人，裂地而封之。能不龟手，一也；或以封，或不免于洴澼絖，则所用之异也。今子有五石之瓠，何不虑以为大樽而浮乎江湖，而忧其瓠落无所容？则夫子犹有蓬之心也夫！"

惠子谓庄子曰："吾有大树，人谓之樗㊳。其大本拥肿而不中绳墨，其小枝卷曲而不中规矩。立之涂，匠者不顾。今子之言，大而无用，众所同去也。"

庄子曰："子独不见狸狌乎？卑身而伏，以候敖者；东西跳梁，不避高下；中于机辟，死于罔罟㊴。今夫斄㊵牛，其大若垂天之云。此能为大矣，而不能执鼠。今子有大树，患其无用，何不树之于无何有之乡，广莫之野，彷徨乎无为其侧，逍遥乎寝卧其下。不夭斤斧，物无害者，无所可用，安所困苦哉！"

----

①北冥：北极大海。冥：通"溟"，广阔幽深的大海。
②海运：指海啸，海动所引起的波涛动荡。海边歌谣有六月海动的说法。海动必有大风，故鹏可以乘风南飞。　③《齐谐》：书名。出于齐国，内容多诙谐怪异，故名"齐谐"。　④抟：盘旋环绕。扶摇：自下而上的暴风。　⑤野马：游气浮动于天地之间，状如野马。　⑥坳堂：也作"堂坳"，堂地上的洼坑。

⑦培风：乘风，凭风。　　⑧夭阏：阻止，阻拦。　　⑨图南：图谋南飞。　　⑩蜩：胡蝉。学鸠：楚鸠。庄子认为蝉、鸠二虫的以小自限也是根本不懂相对相待的含义。　　⑪决起：迅速飞起。　　⑫枪：亦作"抢"，突，冲上。枋：檀树。　　⑬反：通"返"。　　⑭果然：饱饱的样子。　　⑮朝菌：一种朝生暮死的菌类植物。晦朔：每月的头一天叫朔，尾一天叫晦。　　⑯蟪蛄：寒蝉，春生夏死，夏生秋死。　　⑰汤：商朝第一个王，一般称商汤。棘：人名，即夏革，商汤时贤大夫，商汤王的老师。⑱斥：小池泽。鷃：小雀。　　⑲知：通"智"。效：胜任。⑳行：品行。比：亲近，团结。　　㉑宋荣子：即指宋钘，齐国稷下学宫的学者，与尹文同属一派。一说为宋国荣姓的男子。㉒泠然：飘然；轻妙之貌。　　㉓许由：传说中的隐士，隐于箕山（今河南登封县南）。　　㉔爝火：小火。爝，火把。㉕鹪鹩：小鸟，俗名"巧妇鸟"。　　㉖偃鼠：一名隐鼠，又名鼢鼠，即田野地行鼠。　　㉗尸祝：古代寺庙中主持祭礼的司仪。樽俎：指厨事。　　㉘肩吾、连叔：古时修道之士，历史上是否实有其人，已不可考。在庄子笔下出现的人物，都是经他尽意刻画过的，或凭空塑造，或根据一点史实线索加以装扮，都只是借来表达庄子自己哲学思想的传声具罢了。　　㉙接舆：楚国隐士，《高士传》以为姓陆名通，字接舆。这里是庄子笔下的理想人物。㉚疵疬：灾害，疾病。　　㉛瞽（gǔ）者：没有眼珠的瞎子。㉜弊弊：辛苦经营。　　㉝资：贩卖。章甫：殷代冠名。宋国是殷国后代，故保存殷服制度。　　㉞窅然：深远难见的状态。窅：通"杳"。　　㉟瓠：葫芦。　　㊱呺然：虚大的样子。

㊲洴澼：漂洗。纩：通"纊"，棉絮。　㊳樗：落叶乔木，木材皮粗质劣。　㊴罔罟：网的总名。　㊵犛（lí）：通"犛"，牦牛。

齐 物 论

南郭子綦隐机而坐①，仰天而嘘，荅焉似丧其耦。颜成子游②立侍乎前，曰："何居乎？形固可使如槁木，而心固可使如死灰乎？今之隐机者，非昔之隐机者也？"子綦曰："偃，不亦善乎，而问之也！今者吾丧我，汝知之乎？汝闻人籁而未闻地籁；汝闻地籁而未闻天籁夫！"

子游曰："敢问其方。"

子綦曰："夫大块噫气③，其名为风。是唯无作，作则万窍怒呺④。而独不闻之翏翏⑤乎？山陵之畏佳⑥，大木百围之窍穴，似鼻，似口，似耳，似枅⑦，似圈，似臼，似洼者，似污者；激者，謞⑧者，叱者，吸者，叫者，譹⑨者，宎⑩者，咬⑪者。前者唱于而随者唱喁⑫，泠风则小和，飘风则大和，厉风济则众窍为虚。而独不见之调调，之刁刁乎⑬？"

子游曰："地籁则众窍是已，人籁则比竹⑭是已。敢问天籁。"

子綦曰："夫天籁者⑮，吹万不同，而使其自己也，咸其自取，怒者其谁邪？"

大知闲闲，小知间间⑯；大言炎炎，小言詹詹⑰。其寐也魂交，其觉也形开。与接为构，日以心斗。缦者，窖者，密者⑱。小恐惴惴，大恐缦缦。其发若机栝，其司是非之谓也；其留如诅盟，其守胜之谓也；其杀若秋冬，以言其日消也；其溺之所为之，不可使复之也；其厌也如缄，以言其老洫⑲也；近死之心，莫使复阳也。喜怒哀乐，虑叹变慹⑳，姚佚启态㉑；乐出虚，蒸成菌。日夜相代乎前，而莫知其所萌。已乎，已乎！旦暮得此，其所由以生乎！

非彼无我，非我无所取。是亦近矣，而不知其㉒所为使。若有真宰，而特不得其眹㉓。可行已信，而不见其形。有情而无形。百骸、九窍、六藏，赅而存焉，吾谁与为亲？汝皆说之乎？其有私焉？如是皆有为臣妾乎？其臣妾不足以相治乎？其递相为君臣乎？其有真君存焉？如求得其情与不得，无益损乎其真。

一受其成形，不亡以待尽。与物相刃相靡，其行尽㉔如驰，而莫之能止，不亦悲乎！终身役役而不见其成功，苶然㉕疲役而不知其所归，可不哀邪！人谓之不死，奚益！其形化，其心与之然，可不谓大哀乎？人之生也，固若是芒㉖乎？其我独芒，而人亦有不芒者乎？夫随其成心而师之，谁独且无师乎？奚必知代而心自取者有之？愚者与有焉。未成乎心而有是非，是今日适越而昔至也。是以无有为有。无有为有，虽有神禹，且不能知，吾独且奈何哉！

夫言非吹也，言者有言，其所言者特未定也。果有言邪？其未尝有言邪？其以为异于鷇音㉗，亦有辩乎？其无辩乎？道恶乎隐而有真伪？言恶乎隐而有是非？道恶乎往而不存？言恶乎存而不可？道隐于小成㉘，言隐于荣华。故有儒墨之是非，以是其所非而非其所是。欲是其所非而非其所是，则莫若以明。物无非彼，物无非是。自彼则不见，自是则知之。故曰：彼出于是，是亦因彼。彼是方生之说也，虽然，方生方死，方死方生；方可方不可，方不可方可；因是因非，因非因是。是以圣人不由㉙，而照之于天，亦因是也。

是亦彼也，彼亦是也。彼亦一是非，此亦一是非。果且有彼是乎哉？果且无彼是乎哉？彼是莫得其偶，谓之道枢㉚。枢始得其环中，以应无穷。是亦一无穷，非亦一无穷也。故曰莫若以明。

以指喻指之非指，不若以非指喻指之非指也；以马喻马之非马，不若以非马喻马之非马也。天地一指也，万物一马也。

可乎可，不可乎不可㉛。道行之而成，物谓之而然。有自也而可，有自也而不可。有自也而然，有自也而不然㉜。恶乎然？然于然。恶乎不然？不然于不然。恶乎可？可于可。恶乎不可？不可于不可。物固有所然，物固有所可。无物不然，无物不可。故为是举莛与楹㉝，厉与西施，恢恑憰怪㉞，道通为一。其分也，成也；其成也，毁也。凡物无成与毁，复通为一。唯达者知通为一，为是不用，而寓诸庸。庸也者，用也；用也者，通也；通也者，得也。适得而几矣㉟。因是已，已而不知其然，谓之道。劳神明为一，而不知其同也，谓之朝三。何谓朝三？狙公赋芧㊱曰："朝三而暮四。"众狙皆怒。曰："然则朝四而暮三。"众狙皆悦。名实未亏而喜怒为用，亦因是也。是以圣人和之以是非而休乎天钧③，是之谓两行⑧。

古之人，其知有所至矣。恶乎至？有以为未始有物者，至矣，尽矣，不可以加矣。其次，以为有物矣，而未始有封也。其次，以为有封焉，而未始有是非也。是非之彰也，道之所以亏也。道之所以亏，爱之所以成。果且有成与亏乎哉？果且无成与亏乎哉？有成与亏，故昭氏③之鼓琴也；无成与亏，故昭氏之不鼓琴也。昭文之鼓琴也，师旷之枝策也⑩，惠子之据梧也，三子之知几乎，皆其盛者也，故载之末年。唯其好之也，以异于彼；其好之也，欲以明之。彼非所明而明之，故以坚白之昧终⑪。而其子又以文之纶⑫终，终身无成。若是而可谓成乎？虽我亦成也⑬；若是而不可谓成乎？物与我无成也。是故滑疑⑭之耀，圣人之所图也。为是不用而寓诸庸，此之谓以明。

今且有言于此，不知其与是类乎？其与是不类乎？类与不类，相与为类，则与彼无以异矣。虽然，请尝言之。有始也者，有未始有始也者，有未始有夫未始有始也者。有有也者，有无也者，有未始有无也者，有未始有夫未始有无也者。俄而有无矣，而未知有无之果孰有孰无也。今我则已有谓矣，而未知吾所谓之其果有谓乎，其果无谓乎？

天下莫大于秋豪⑮之末，而大山为小；莫寿于殇子，而彭祖为夭。天地与我并生，而万物与我为一。既已为一矣，

146

且得有言乎？既已谓之一矣，且得无言乎？一与言为二，二与一为三。自此以往，巧历⁴⁶不能得，而况其凡乎！故自无适有，以至于三，而况自有适有乎！无适焉，因是已。

夫道未始有封⁴⁷，言未始有常，为是而有畛⁴⁸也。请言其畛：有左，有右，有伦，有义，有分，有辩，有竞，有争，此之谓八德。六合⁴⁹之外，圣人存而不论；六合之内，圣人论而不议；春秋经世先王之志，圣人议而不辩。故分也者，有不分也；辩也者，有不辩也。曰：何也？圣人怀之，众人辩之以相示也。故曰辩也者，有不见也。

夫大道不称，大辩不言，大仁不仁，大廉不嗛⁵⁰，大勇不忮⁵¹。道昭而不道，言辩而不及，仁常而不成⁵²，廉清而不信，勇忮而不成。五者圆⁵³而几向方矣！故知止其所不知，至矣。孰知不言之辩，不道之道？若有能知，此之谓天府。注焉而不满，酌⁵⁴焉而不竭，而不知其所由来，此之谓葆光⁵⁵。

故昔者尧问于舜曰："我欲伐宗、脍、胥敖⁵⁶，南面而不释然。其故何也？"舜曰："夫三子者，犹存乎蓬艾之间。若不释然，何哉？昔者十日并出，万物皆照，而况德之进乎日者乎！"

啮缺问乎王倪曰⁵⁷："子知物之所同是乎？"曰："吾恶乎知之！""子知子之所不知邪？"曰："吾恶乎知之！""然则物无知邪？"曰："吾恶乎知之！虽然，尝试言之。庸讵⁵⁸知吾所谓知之非不知邪？庸讵知吾所谓不知之非知邪？且吾尝试问乎汝：民湿寝⁵⁹则腰疾偏死，鰍然乎哉？木处则惴栗恂惧，猿猴然乎哉？三者孰知正处？民食刍豢⑥，麋鹿食荐⑥，蝍蛆甘带⑥，鸱鸦耆鼠⑥，四者孰知正味？猿猵狙以为雌，麋与鹿交，鳅与鱼游。毛嫱丽姬⑥，人之所美也；鱼见之深入，鸟见之高飞，麋鹿见之决骤⑥。四者孰知天下之正色哉？自我观之，仁义之端，是非之涂，樊然淆乱，吾恶能知其辩！"啮缺曰："子不知利害，则至人固不知利害乎？"王倪曰："至人神矣！大泽焚而不能热，河汉沍⑥而不能寒，疾雷破山⑥、飘风振海而不能惊。若然者，乘云气，骑日月，而游乎四海之外。死生无变于己，而况利害之端乎！"

瞿鹊子问乎长梧子曰⑥："吾闻诸夫子：'圣人不从事于务，不就利，不违害，不喜求，不缘道；无谓有谓，有谓无谓，而游乎尘垢之外。'夫子以为孟浪之言，而我以为妙道之行也。吾子以为奚若？"

长梧子曰："是黄帝之所听荧⑥也，而丘也何足以知之！且汝亦大早计，见卵而求时夜，见弹而求鸮炙⑥。予尝为女妄言之，女以妄听之。奚旁日月，挟宇宙，为其脗⑥合，置其滑湣⑥，以隶相尊？众人役役，圣人愚芚⑥，参万岁而一成纯。万物尽然，而以是相蕴。予恶乎知说生之非惑邪！予恶乎知恶死之非弱丧而不知归者邪！丽之姬，艾封人⑥之子也。晋国之始得之也，涕泣沾襟；及其至于王所，与王同筐床，食刍豢，而后悔其泣也。予恶乎知夫死者不悔其始之蕲生乎！梦饮酒者，旦而哭泣；梦哭泣者，旦而田猎。方其梦也，不知其梦也。梦之中又占其梦焉，觉而后知其梦也。且有大

148

觉而后知此其大梦也。而愚者自以为觉，窃窃然知之。君乎，牧乎，固哉！丘也与女，皆梦也；予谓女梦，亦梦也。是其言也，其名为吊诡。万世之后而一遇大圣，知其解者，是旦暮遇之也。"

"既使我与若辩矣，若胜我，我不若胜，若果是也，我果非也邪？我胜若，若不吾胜，我果是也，而果非也邪？其或是也，其或非也邪？其俱是也，其俱非也邪？我与若不能相知也，则人固受黮暗⑦，吾谁使正之？使同乎若者正之？既与若同矣，恶能正之！使同乎我者正之？既同乎我矣，恶能正之！使异乎我与若者正之？既异乎我与若矣，恶能正之！使同乎我与若者正之？既同乎我与若矣，恶能正之！然则我与若与人俱不能相知也，而待彼也邪？"

"化声⑦之相待，若其不相待，和之以天倪，因之以曼衍，所以穷年也。何谓和之以天倪⑦？曰：是不是，然不然。是若果是也，则是之异乎不是也，亦无辩；然若果然也，则然之异乎不然也亦无辩。忘年忘义，振于无竟，故寓诸无竟。"

罔两问景⑧曰："曩子行，今子止；曩子坐，今子起。何其无特操与？"景曰："吾有待而然者邪？吾所待又有待而然者邪？吾待蛇蚹蜩翼⑦邪？恶识所以然！恶识所以不然！"

昔者庄周梦为胡蝶，栩栩⑧然胡蝶也。自喻适志与！不知周也。俄然觉，则蘧蘧⑧然周也。不知周之梦为胡蝶与，胡蝶之梦为周与？周与胡蝶，则必有分矣。此之谓"物化"⑧。

----

①南郭子綦：子綦，人名。住在城郭南端，因以为号。隐：凭靠。机：几案。　②颜成子游：南郭子綦的弟子，颜成是复姓，名偃，字子游。　③大块：大地。噫气：吐气出声。　④号：借为"号"。　⑤翏翏：长风声。一本作"飂"。　⑥畏佳：通"嵬崔"，指山林高大而参差的样子。　⑦枅（jī）：房柱子上的横木，即斗拱。　⑧謞（xiāo）：大火燃烧的声音，一作箭去之声。　⑨譹：嚎哭声。　⑩宎（yǎo）：像风吹到深谷的声音。　⑪咬：哀切声。　⑫于：犹舆。喁：犹鱼口向上，露出水面。于、喁皆相随应的声音。　⑬调调、刁刁：风吹林木枝叶摇曳的样子。刁刁，一作"刀刀"。　⑭比竹：箫管笙簧之类的乐器。　⑮天籁者：一本此三字原缺，后依王叔岷据《世说新语注》补。　⑯闲闲：广博之貌。间间：精细之貌。　⑰炎炎：烈火燎原，引申为盛气凌人。詹詹：犹沓沓，说话烦琐，喋喋不休的样子。　⑱缦：借为"慢"，引申为迟缓之义。窖：指设下圈套。密：即谨密。　⑲老洫：老而败坏。洫：败，枯竭。　⑳虑叹变慹（zhí）：忧虑，感叹，反覆，怖惧。形容辩者们的情绪反应。　㉑姚佚启态：浮躁，放纵，张狂，作态。形容辩者们的行为样态。　㉒其：一本无此字。　㉓眹：通"朕"，迹象，征兆。　㉔尽：一本作"进"。　㉕苶（nié）然：精神不振，疲倦之极。　㉖芒：通"茫"，愚昧无知。　㉗毂（gòu）音：刚出蛋壳的小鸟的叫声。比喻不带任何含义的语言。　㉘小成：片面的成就，指局部认识所得的成果，即相对真理。　㉙不由：指不走是非对立的路子。

㉚枢：门轴。这里用来形容重要关键的意思。　㉛一本此二句无。　㉜一本此四句无。　㉝莛与楹：莛，通"筳"，草茎。楹，厅堂前面的柱子。茎小而柱大，古人往往以莛柱比小大。㉞恢恑憰怪：千奇百怪的异状。恢，同"诙"，恢诞，荒诞。恑，通"诡"，狡猾，一说变异。憰，通"谲"，欺诈。　㉟"庸也者"以下二十字一本疑为衍文。　㊱狙公：养猴人。狙，猕猴。赋：颂，给。芧：橡子。　㊲休：本义为人凭依在树下休息，故有无为任之的意思。天钧：一作"天均"，自然调和的意思。㊳两行：两端都可行，即两端都能观照到。　㊴昭氏：姓昭名文，郑人，古代的音乐家，善于弹琴。　㊵师旷：晋人，姓师名旷字子野，古代著名的音乐家，是晋平公的乐师。枝策：举杖而击节。　㊶坚白：指战国时关于坚白论的观点，即惠施的"离坚白"的观点。昧：愚昧不明。　㊷纶：琴弦。　㊸"虽我"句，一本作"虽我无成，亦可谓成矣"。　㊹滑：迷乱。疑：同"稽"，同的意思。　㊺秋豪：动物秋天换的新毛。新毛最小，故用来比喻微小的东西。豪：通"毫"。　㊻巧历：善于计谋的人。　㊼封：界限。　㊽畛：田间的疆界，即古时十夫有沟，沟上有畛。　㊾六合：天地四方，泛指天地和宇宙。　㊿嗛：通"谦"，谦逊。　51忮：伤害。　52成：一本作"周"。　53圆：一本作"无弃"。　54酌：酌酒，引申为取用。　55葆光：潜藏的光明。　56宗、脍、胥敖：上古时代的三个小国名。《人间世》作丛、枝、胥敖。　57啮缺、王倪：传说尧的贤人。一说为庄子虚拟人物，可参考。　58庸诅：庸、诅皆问的意思，二者重叠，表反诘。　59湿寝：在潮

湿的地方睡觉。　⑩刍豢：喂草为刍，喂谷物为豢，此处指牛羊猪狗。　㉑荐：繁茂的草。　㉒蝍蛆：蜈蚣。甘：可口，此处作动词用。带：小蛇。　㉓鸱：猫头鹰。耆：通"嗜"。㉔毛嫱：古代美女。或说是越王的美姬。丽姬：晋献公夫人。一本作"西施"。　㉕决骤：迅疾地奔跑。　㉖沍：结冰。㉗疾雷破山：一本作"疾雷破山而不能伤"。　㉘瞿鹊子：人名，孔门后学。长梧子：人名，孔子弟子同时代人，被封于长梧，也称长梧封人。　㉙听荧：听了感到疑惑不解。荧：通"莹"，疑惑。　㉚鹑：鹌鸟，似斑鸠，青绿色，肉美味好吃。炙：烤。㉛肳：同"吻"。　㉜滑湣：杂乱。　㉝芚：通"钝"。㉞艾封人：艾地守封疆的人。　㉟黮暗：暗昧不明，所见偏蔽。㊱化声：大道变成言论。"化声"以下五句一本在"忘年忘义"句之上。　㊲天倪：自然的分界。　㊳罔两：影子的影子。景：通"影"。　㊴蛇蚹：蛇腹下的鳞皮。蜩翼：蝉的翅膀。㊵栩栩：即翩翩，形容蝴蝶飞舞的样子。　㊶蘧蘧：惊疑的样子。　㊷物化：意指物我界限消解，万物融化为一。

养 生 主

吾生也有涯，而知也无涯。以有涯随无涯，殆已；已而为知者，殆而已矣！为善无近名，为恶无近刑。缘督以为经①，可以保身，可以全生，可以养亲，可以尽年。庖丁为文惠君解牛，手之所触，肩之所倚，足之所履，膝之所踦②，砉③然响然，奏刀騞④然，莫不中音；合于《桑林》⑤之舞，乃中《经首》之会⑥。文惠君曰："嘻⑦，善哉！技盖至此乎？"

庖丁释刀对曰："臣之所好者道也，进乎技矣。始臣之解牛之时，所见无非全牛者；三年之后，未尝见全牛也。方今之时，臣以神遇而不以目视，官知止而神欲行。依乎天理，批大郤⑧，导大窾⑨，因其固然，技经肯綮之未尝⑩，而况大軱⑪乎！良庖岁更刀，割也；族庖月更刀，折也。今臣之刀十九年矣，所解数千牛矣，而刀刃若新发于硎。彼节者有间，而刀刃者无厚；以无厚入有间，恢恢⑫乎其于游刃必有余地矣，是以十九年而刀刃若新发于硎。虽然，每至于族，吾见其难为，怵然为戒，视为止，行为迟。动刀甚微，謋然已解⑬，如土委地。提刀而立，为之四顾，为之踌躇满志，善刀而藏之。"文惠君曰："善哉！吾闻庖丁之言，得养生焉。"

公文轩见右师而惊曰⑭："是何人也？恶乎介⑮也？天与，

153

其人与？"曰："天也，非人也。天之生是使独也，人之貌有与也。以是知其天也，非人也。"

泽雉⑯十步一啄，百步一饮，不蕲畜乎樊中。神虽王，不善也。

老聃死，秦失⑰吊之，三号而出。弟子曰："非夫子之友邪？"曰："然。""然则吊焉若此，可乎？"曰："然。始也吾以为其人⑱也，而今非也。向吾入而吊焉，有老者哭之，如哭其子；少者哭之，如哭其母。彼其所以会之，必有不蕲言而言，不蕲哭而哭者。是遁天倍情，忘其所受，古者谓之遁天之刑。适来，夫子时也；适去，夫子顺也。安时而处顺，哀乐不能入也，古者谓是帝之县解⑲。"指穷于为薪，火传也，不知其尽也。

----

①缘：因，顺行。督：中，中道。经：常法。　②踦：犹倚，用力抵住。　③砉（xū）：骨肉相离的声音。　④騞（huō）：刀割物裂的粗声。　⑤《桑林》：商汤时的乐曲名。⑥《经首》：尧时的乐曲名。会：韵律，节奏。　⑦謋：嘻的异体字，惊叹声。　⑧郤：同"隙"，间隙。指牛骨节间的间隙。　⑨窾：空，指骨节空处。　⑩技：通"枝"。经：经脉。肯：附在牛骨头上的肉。綮（qìng）：筋肉结节处。一本此句后有"微碍"二字。　⑪軱：大骨。　⑫恢恢：宽裕，宽绰。　⑬謋：同"磔"，张，开，这里指骨肉相离的声音。一本此句后有"牛不知其死也"一句。　⑭公文轩：人名，姓公文，名轩，宋国人。右师：官名。　⑮介：单足，引申为独特。

⑯泽雉：野鸡。　　⑰秦失：人名，姓秦名失，老聃的朋友。

⑱其人：指老聃的弟子。其，一本作"至"。　　⑲县解：悬解，道家对生死、得失等持无所谓的态度。

德 充 符

鲁有兀者王骀①，从之游者，与仲尼相若。常季②问于仲尼曰："王骀，兀者也，从之游者，与夫子中分鲁。立不教，坐不议，虚而往，实而归。固有不言之教，无形而心成者邪？是何人也？"仲尼曰："夫子，圣人也，丘也直后而未往耳！丘将以为师，而况不若丘者乎！奚假鲁国，丘将引天下而与从之。"

常季曰："彼兀者也，而王③先生，其与庸亦远矣。若然者，其用心也独若之何？"仲尼曰："死生亦大矣，而不得与之变；虽天地覆坠，亦将不与之遗。审乎无假而不与物迁，命物之化而守其宗也。"常季曰："何谓也？"仲尼曰："自其异者视之，肝胆楚越也；自其同者视之，万物皆一也。夫若然者，且不知耳目之所宜，而游心乎德之和；物视其所一而不见其所丧，视丧其足犹遗土也。"

常季曰："彼为己，以其知得其心，以其心得其常心。物何为最④之哉？"仲尼曰："人莫鉴于流水，而鉴于止水。唯止能止众止。受命于地，唯松柏独也正，在冬夏青青；受命于天，唯尧、舜独也正，在万物之首。幸能正生，以正众生。夫保始之征⑤，不惧之实。勇士一人，雄入于九军。将求名

156

而能自要者，而犹若是，而况官天地，府万物，直寓六骸，象耳目，一知之所知，而心未尝死者乎！彼且择日而登假，人则从是也。彼且何肯以物为事乎！"

申徒嘉⑥，兀者也，而与郑子产同师于伯昏无人⑦。子产谓申徒嘉曰："我先出则子止，子先出则我止。"其明日，又与合堂同席而坐。子产谓申徒嘉曰："我先出则子止，子先出则我止。今我将出，子可以止乎，其未邪？且子见执政⑧而不违，子齐执政乎？"申徒嘉曰："先生之门，固有执政焉如此哉？子而悦子之执政而后人者也？闻之曰：'鉴明则尘垢不止，止则不明也。久与贤人处则无过。'今子之所取大者，先生也，而犹出言若是，不亦过乎！"子产曰："子既若是矣，犹与尧争善。计子之德，不足以自反邪？"申徒嘉曰："自状其过，以不当亡者众，不状其过，以不当存者寡。知不可奈何，而安之若命，唯有德者能之。游于羿之彀中⑨。中央者，中地也；然而不中者，命也。人以其全足笑吾不全足者多矣，我怫⑩然而怒；而适先生之所，则废然而反。不知先生之洗我以善邪？吾与夫子游十九年矣，而未尝知吾兀者也。今子与我游于形骸之内，而子索我于形骸之外，不亦过乎！"子产蹴然⑪改容更貌曰："子无乃称！"

鲁有兀者叔山无趾⑫，踵见仲尼。仲尼曰："子不谨，前既犯患若是矣。虽今来，何及矣！"无趾曰："吾唯不知务而轻用吾身，吾是以亡足。今吾来也，犹有尊足者存⑬，吾是以务全之也。夫天无不覆，地无不载，吾以夫子为天地，安知夫子之犹若是也！"孔子曰："丘则陋矣。夫子胡不入乎，请讲以所闻！"无趾出。孔子曰："弟子勉之！夫无趾，兀者也，犹务学以复补前行之恶，而况全德之人乎！"无趾语老聃曰："孔丘之于至人，其未邪？彼何宾宾⑭以学子为？彼且蕲以諔⑮诡幻怪之名闻，不知至人之以是为己桎梏邪？"老聃曰："胡不直使彼以死生为一条，以可不可为一贯者，解其桎梏，其可乎？"无趾曰："天刑之，安可解！"

鲁哀公问于仲尼曰："卫有恶人焉，曰哀骀它。丈夫与之处者，思而不能去也；妇人见之，请于父母曰'与为人妻，宁为夫子妾'者，十数而未止也。未尝有闻其唱者也，常和人而已矣。无君人之位以济乎人之死，无聚禄以望人之腹。又以恶骇天下，和而不唱，知不出乎四域，且而雌雄合乎前，是必有异乎人者也。寡人召而观之，果以恶骇天下。与寡人处，不至以月数，而寡人有意乎其为人也；不至乎期年，而寡人信之。国无宰，寡人传国焉。闷然而后应，氾⑯然而若辞。寡人丑乎，卒授之国。无几何也，去寡人而行，寡人恤焉若有亡也，若无与乐是国也。是何人者也！"

仲尼曰："丘也尝使于楚矣，适见豚子食于其死母者。少焉眴⑰若皆弃之而走。不见己焉尔，不得类焉尔。所爱其母者，非爱其形也，爱使其形者也。战而死者，其人之葬也不以翣⑱资；刖者之屦⑲，无为爱之。皆无其本矣。为天子之诸御，不爪翦，不穿耳；取妻者止于外，不得复使。形全犹足以为尔，而况全德之人乎！今哀骀它未言而信，无功而亲，

158

使人授己国，唯恐其不受也，是必才全而德不形者也。"

哀公曰："何谓才全？"

仲尼曰："死生、存亡、穷达、贫富、贤与不肖、毁誉、饥渴、寒暑，是事之变、命之行也。日夜相代乎前，而知不能规乎其始者也。故不足以滑和，不可入于灵府。使之和豫，通而不失于兑。使日夜无郤而与物为春，是接而生时于心者也。是之谓才全。"

"何谓德不形？"

曰："平者，水停之盛也。其可以为法也，内保之而外不荡也。德者，成和之修也。德不形者，物不能离也。"

哀公异日以告闵子曰："始也吾以南面而君天下，执民之纪而忧其死，吾自以为至通矣。今吾闻至人之言，恐吾无其实，轻用吾身而亡吾国。吾与孔丘，非君臣也，德友而已矣！"

闉⑳跂支离无脤㉑说卫灵公，灵公说之；而视全人，其脰㉒肩肩。瓮䀸（ăng）大瘿说齐桓公，桓公说之；而视全人，其脰肩肩。故德有所长，而形有所忘。人不忘其所忘，而忘其所不忘，此谓诚忘。故圣人有所游，而知为孽，约为胶，德为接，工为商。圣人不谋，恶用知？不斲㉓，恶用胶？无丧，恶用德？不货，恶用商？四者，天鬻也。天鬻者，天食也。既受食于天，又恶用人！有人之形，无人之情。有人之形，故群于人；无人之情，故是非不得于身。眇乎小哉，所以属于人也；謷㉔乎大哉，独成其天。

惠子谓庄子曰："人故无情乎？"庄子曰："然。"惠子曰："人而无情，何以谓之人？"庄子曰："道与之貌，天与之形，恶得不谓之人？"惠子曰："既谓之人，恶得无情？"庄子曰："是非吾所谓情也。吾所谓无情者，言人之不以好恶内伤其身，常因自然而不益生也。"惠子曰："不益生，何以有其身？"庄子曰："道与之貌，天与之形，无以好恶内伤其身。今子外乎子之神，劳乎子之精，倚树而吟，据槁梧而瞑。天选之形，子以坚白鸣。"

----

①兀：通"刖"，古代断足的刑罚。王骀：庄子寓托的理想人物。　②常季：孔子的弟子。一说为鲁国贤人。　③王（wàng）：胜，高出。　④最：同"聚"，积聚，积累。　⑤保始之征：保全本始的征验。　⑥申徒嘉：人名，姓申徒，名嘉，郑国的贤人。⑦子产：姓公孙，名侨，字子产，郑国大夫。伯昏无人：申徒嘉、子产的老师，也是列子的朋友。一说为庄子所寓托。　⑧执政：子产为郑国执政大臣，这里是子产的自称。　⑨羿：上古时人，精于射，每发必中。彀中：张弓弩的射程内。　⑩怫：通"勃"。　⑪蹴然：不安的样子。　⑫叔山无趾：人名，复姓叔山，因遭刖足，故称无趾。这又是虚构的名字。　⑬一本此句后有一"焉"字。　⑭宾宾：频频，常久。　⑮诚：诡异。⑯氾：漠不关心的样子。　⑰眴：惊慌而张目的样子。⑱翣（shà）：棺材的装饰品。　⑲屦：鞋子。　⑳闉（yīn）：曲足，伛背，无唇。形容残形貌丑的人。　㉑脤：通"唇"。㉒脰：颈。　㉓䣊：人为地分开。　㉔螯（áo）：伟大。

160

应帝王

啮缺问于王倪，四问而四不知。啮缺因跃而大喜，行以告蒲衣子①。蒲衣子曰："而乃今知之乎？有虞氏不及泰氏②。有虞氏，其犹藏仁③以要人，亦得人矣，而未始出于非人。泰氏，其卧徐徐，其觉于于④。一以己为马，一以己为牛。其知情信，其德甚真，而未始入于非人。"

肩吾见狂接舆。狂接舆曰："日中始⑤何以语女？"肩吾曰："告我君人者以己出经式义度，人孰敢不听而化诸！"狂接舆曰："是欺德也。其于治天下也，犹涉海凿河，而使蚊虻负山也。夫圣人之治也，治外乎？正而后行，确乎能其事者而已矣。且鸟高飞以避矰弋⑥之害，鼷鼠⑦深穴乎神丘之下，以避熏凿之患，而曾二虫之无知！"

天根⑧游于殷阳，至蓼水⑨之上，适遭无名人而问焉，曰："请问为天下。"无名人曰："去！汝鄙人也，何问之不豫⑩也！予方将与造物者为人，厌，则又乘夫莽眇之鸟⑪，以出六极之外，而游无何有之乡，以处圹埌之野。汝又何帠⑫以治天下感予之心为？"又复问。无名人曰："汝游心于淡，合气于漠，顺物自然而无容私焉，而天下治矣。"

阳子居⑬见老聃，曰："有人于此，向疾强梁⑭，物彻疏明⑮，学道不倦，如是者，可比明王乎？"老聃曰："是于圣人也，胥易技系⑯，劳形怵心者也。且也虎豹之文⑰来田，猿狙之便执斄之狗来藉⑱。如是者，可比明王乎？"阳子居蹴然曰："敢问明王之治。"老聃曰："明王之治：功盖天下而似不自己，化贷万物而民弗恃。有莫举名，使物自喜。立乎不测，而游于无有者也。"

郑有神巫曰季咸，知人之死生存亡，祸福寿夭，期以岁月旬日若神。郑人见之，皆弃而走。列子见之而心醉，归，以告壶子⑲，曰："始吾以夫子之道为至矣，则又有至焉者矣。"壶子曰："吾与汝既其文，未既其实。而固得道与？众雌而无雄，而又奚卵焉！而以道与世亢⑳，必信㉑，夫故使人得而相汝。尝试与来，以予示之。"明日，列子与之见壶子。出而谓列子曰："嘻！子之先生死矣！弗活矣！不以旬数矣！吾见怪焉，见湿灰焉。"列子入，泣涕沾襟以告壶子。壶子曰："乡吾示之以地文，萌乎不震不止㉒。是殆见吾杜德机㉓也。尝又与来。"明日，又与之见壶子。出而谓列子曰："幸矣！子之先生遇我也，有瘳矣！全然有生矣！吾见其杜权㉔矣！"列子入，以告壶子。壶子曰："乡吾示之以天壤，名实不入，而机发于踵。是殆见吾善者机也。尝又与来。"明日，又与之见壶子。出而谓列子曰："子之先生不齐，吾无得而相焉。试齐，且复相之。"列子入，以告壶子。壶子曰："乡吾示之以太冲㉕莫胜，是殆见吾衡气机也。鲵桓之审为渊㉖，止水之审为渊，流水之审为渊。渊有九名，此处三焉。

尝又与来。”明日，又与之见壶子。立未定，自失而走。壶子曰："追之！"列子追之不及。反，以报壶子曰："已灭矣，已失矣，吾弗及已。"壶子曰："乡吾示之以未始出吾宗。吾与之虚而委蛇，不知其谁何，因以为弟靡㉗，因以为波流，故逃也。"然后列子自以为未始学而归。三年不出，为其妻爨，食豕如食人，于事无与亲。雕琢复朴，块然独以其形立。纷而封哉，一以是终。

无为名尸㉘，无为谋府㉙；无为事任，无为知主。体尽无穷，而游无朕㉚。尽其所受乎天，而无见得，亦虚而已。至人之用心若镜，不将不迎，应而不藏，故能胜物而不伤。

南海之帝为儵，北海之帝为忽，中央之帝为浑沌㉛。儵与忽时相与遇于浑沌之地，浑沌待之甚善。儵与忽谋报浑沌之德，曰："人皆有七窍以视听食息，此独无有，尝试凿之。"日凿一窍，七日而浑沌死。

----

①蒲衣子：《淮南子》作"披衣子"，传说尧时贤人，舜曾拜他为老师并要把帝位让给他，他没有接受。　②泰氏：泰，通"太"，太昊，伏羲氏。　③藏仁：心怀仁义。　④于于："迂迂"的借词，迂缓的样子。　⑤日中始：假托的寓言人物，肩吾的老师。　⑥缯弋：带有丝绳射鸟的短箭。　⑦鼷鼠：小鼠。　⑧天根：假托的寓言人物。　⑨蓼水：疑是庄子自设的河名。　⑩豫：悦。　⑪莽眇之鸟：轻虚之状。喻以清虚之气为鸟，游于太空。　⑫呓：通"寱"，梦话。　⑬阳子居：人名，即杨朱，道家学派的人物，先秦古书中多称他为杨子

或阳生、阳子居。 ⑭向疾强梁：敏捷果敢的意思。 ⑮物彻疏明：鉴物洞彻，疏通明敏。 ⑯胥：胥吏。易：治。系：系累。 ⑰文：同"纹"。 ⑱"猿狙之便"句下一本无"执斄之狗"四字。 ⑲壶子：郑国人，名林，号壶子，列子的老师。 ⑳亢：通"抗"，较量。 ㉑信：通"伸"，表露。 ㉒止：一本作"正"。 ㉓杜德机：杜塞生机。 ㉔杜权：闭塞中有变动。 ㉕太冲：阴阳二气均衡的虚气状态。 ㉖鲵：在此凡指大鱼。桓：逗留。审：停聚。 ㉗弟靡：形容无所执着，描写随波顺应之状。 ㉘名：名气。尸：主，载体。 ㉙谋府：智囊机关。 ㉚无朕：没有开始，没有迹象。 ㉛儵、忽、浑沌：均是虚设的神名。

马 蹄

马，蹄可以践霜雪，毛可以御风寒。龁①草饮水，翘足而陆②，此马之真性也。虽有义台路寝③，无所用之。及至伯乐，曰："我善治马。"烧之，剔之，刻之，雒④之。连之以羁䭾⑤，编之以皂栈⑥，马之死者十二三矣；饥之，渴之，驰之，骤之，整之，齐之，前有橛饰之患，而后有鞭笑之威，而马之死者已过半矣！陶者曰："我善治埴⑦，圆者中规，方者中矩。"匠人曰："我善治木，曲者中钩，直者应绳。"夫埴木之性，岂欲中规矩钩绳哉？然且世世称之曰："伯乐善治马，而陶匠善治埴木。"此亦治天下者之过也。

吾意善治天下者不然。彼民有常性，织而衣，耕而食，是谓同德。一而不党，命曰天放⑧。故至德之世，其行填填⑨，其视颠颠⑩。当是时也，山无蹊⑪隧，泽无舟梁；万物群生，连属其乡；禽兽成群，草木遂长。是故禽兽可系羁而游，鸟鹊之巢可攀援而窥。夫至德之世，同与禽兽居，族与万物并。恶乎知君子小人哉！同乎无知，其德不离；同乎无欲，是谓素朴。素朴而民性得矣。及至圣人，蹩躠⑫为仁，踶跂⑬为义，而天下始疑矣。澶漫⑭为乐，摘僻⑮为礼，而天下始分矣。故纯朴不残，孰为牺樽！白玉不毁，孰为珪璋！道德不

165

废，安取仁义！性情不离，安用礼乐！五色不乱，孰为文采！五声不乱，孰应六律！夫残朴以为器，工匠之罪也；毁道德以为仁义，圣人之过也。

夫马，陆居则食草饮水，喜则交颈相靡，怒则分背相踶，马知已此矣。夫加之以衡扼⑯，齐之以月题⑰，而马知介倪、阘扼⑱、鸷曼⑲、诡衔⑳、窃辔。故马之知而态至盗者，伯乐之罪也。夫赫胥氏之时，民居不知所为，行不知所之，含哺而熙㉑，鼓腹而游。民能以此矣！及至圣人，屈折礼乐以匡天下之形，县跂仁义以慰天下之心，而民乃始踶跂好知，争归于利，不可止也。此亦圣人之过也。

----

①龁：咬。　②陆：跳。　③义台路寝：高台大殿。④雒（luò）：谓印烙。　⑤羁馽（zhí）：羁为系住，馽为绊住马腿。羁馽指拴马缰绳之类。　⑥皂（zào）：马槽。栈：编木筏铺地，让马站在上面，防止马受潮得病。　⑦埴：黄而细密的黏土。　⑧天放：按天性放任自乐。　⑨填填：稳重端庄的样子。　⑩颠颠：目光专注而不游移。　⑪蹊：人行小道。⑫蹩躠（bié xuè）：勉强力行之态。　⑬踶跂（zhì qǐ）：足尖点地，踮脚站立不安的样子，表现一种急迫企求的心情。　⑭澶漫：原义是大水弥漫无边的样子，此处引申为放纵娱乐，没有节制。　⑮摘僻：烦琐。　⑯衡扼：横木颈扼。　⑰月题：马额上的佩饰，形状如月。　⑱阘扼：曲颈脱轭。　⑲鸷曼：抗击车盖。　⑳诡衔：即吐出口勒。　㉑熙：同"嘻"。

166

胠 箧

将为胠箧探囊发匮之盗而为守备，则必摄缄縢固扃镝，此世俗之所谓知也。然而巨盗至，则负匮揭箧担囊而趋，唯恐缄縢扃镝之不固也。然则乡之所谓知者，不乃为大盗积者也？

故尝试论之。世俗之所谓知者，有不为大盗积者乎？所谓圣者，有不为大盗守者乎？何以知其然邪？昔者齐国邻邑相望，鸡狗之音相闻，罔罟之所布，耒耨之所刺，方二千余里。阖①四竟之内，所以立宗庙社稷，治邑屋州闾乡曲者，曷尝不法圣人哉！然而田成子一旦杀齐君而盗其国。所盗者岂独其国邪？并与其圣知之法而盗之。故田成子有乎盗贼之名，而身处尧舜之安，小国不敢非，大国不敢诛，十二世②有齐国。则是不乃窃齐国，并与其圣知之法以守其盗贼之身乎？

尝试论之。世俗之所谓至知者，有不为大盗积者乎？所谓至圣者，有不为大盗守者乎？何以知其然邪？昔者龙逢斩，比干剖，苌弘胣③，子胥靡，故四子之贤而身不免乎戮。故跖之徒问于跖曰："盗亦有道乎？"跖曰："何适而无有道邪？夫妄意室中之藏，圣也；入先，勇也；出后，义也；知

167

可否，知也；分均，仁也。五者不备而能成大盗者，天下未之有也。"由是观之，善人不得圣人之道不立，跖不得圣人之道不行；天下之善人少而不善人多，则圣人之利天下也少而害天下也多。故曰：唇竭则齿寒，鲁酒薄而邯郸围，圣人生而大盗起。掊击圣人，纵舍盗贼，而天下始治矣。夫川竭而谷虚④，丘夷而渊实。圣人已死，则大盗不起，天下平而无故矣！

圣人不死，大盗不止。虽重圣人而治天下，则是重利盗跖也。为之斗斛以量之，则并与斗斛而窃之；为之权衡以称之，则并与权衡而窃之；为之符玺以信之，则并与符玺而窃之；为之仁义以矫之，则并与仁义而窃之。何以知其然邪？彼窃钩者诛，窃国者为诸侯，诸侯之门而仁义存焉，则是非窃仁义圣知邪？故逐于大盗，揭诸侯，窃仁义并斗斛权衡符玺之利者，虽有轩冕之赏弗能劝，斧钺之威弗能禁。此重利盗跖而使不可禁者，是乃圣人之过也。

故曰："鱼不可脱于渊，国之利器不可以示人。"彼圣人者，天下之利器也，非所以明天下也。故绝圣弃知，大盗乃止；擿玉毁珠，小盗不起；焚符破玺，而民朴鄙；掊斗折衡，而民不争；殚残天下之圣法，而民始可与论议。擢乱六律，铄绝⑤竽瑟，塞瞽⑥旷之耳，而天下始人含其聪矣；灭文章，散五采，胶离朱之目，而天下始人含其明矣。毁绝钩绳而弃规矩，攦工倕⑦之指，而天下始人有⑧其巧矣。故曰：大巧若拙⑨。削曾史之行，钳杨墨之口，攘弃仁义，而天下之德始玄同矣。彼人含其明，则天下不铄⑩矣；人含其聪，则天下不累矣；人含其知，则天下不惑矣；人含其德，则天下不僻矣。彼曾、史、杨、墨、师旷、工倕、离朱，皆外立其德而爚⑪乱天下者也，法之所无用也。

子独不知至德之世乎？昔者容成氏、大庭氏、伯皇氏、中央氏、栗陆氏、骊畜氏、轩辕氏、赫胥氏、尊卢氏、祝融氏、伏羲氏、神农氏，当是时也，民结绳而用之，甘其食，美其服，乐其俗，安其居，邻国相望，鸡狗之音相闻，民至老死而不相往来。若此之时，则至治已。今遂至使民延颈举踵曰"某所有贤者"，赢粮而趣之⑫，则内弃其亲而外去其主之事，足迹接乎诸侯之境，车轨结乎千里之外。则是上好知之过也！

上诚好知而无道，则天下大乱矣。何以知其然邪？夫弓弩毕弋机变⑬之知多，则鸟乱于上矣；钩饵罔罟罾笱之知多，则鱼乱于水矣；削格罗落罝罘⑭之知多，则兽乱于泽矣；知诈渐毒颉滑坚白解垢同异之变多，则俗惑于辩矣。故天下每每大乱，罪在于好知。故天下皆知求其所不知而莫知求其所已知者，皆知非其所不善而莫知非其所已善者，是以大乱。故上悖日月之明，下烁山川之精，中堕四时之施；惴耎⑮之虫，肖翘之物，莫不失其性。甚矣，夫好知之乱天下也！自三代以下者是已！舍夫种种之民而悦夫役役之佞；释夫恬淡无为而悦夫喧喧⑯之意，喧喧已乱天下矣！

①阖：合。　②十二世：一本作“专”，俞樾疑作“世世”。③胣（chǐ）：车裂之刑。　④夫川竭而谷虚：一本作“夫谷虚而川竭”。　⑤铄绝：烧断。　⑥瞽：一本作“师”。⑦攦（lì）：折断。工倕：古代以巧艺称者。　⑧有：一本作“含”。　⑨“故曰：大巧若拙”句，一本无。　⑩铄：炫耀。⑪爚（yuè）：消散。　⑫嬴：裹。趣：趋。　⑬变：一本作“辟”。　⑭罝罘：捕兔网。　⑮惴耎：指蠕动的小虫。⑯啍啍：多言。

秋　水

秋水时至，百川灌河。泾流之大，两涘①渚崖之间不辩牛马。于是焉河伯欣然自喜，以天下之美为尽在己。顺流而东行，至于北海，东面而视，不见水端。于是焉河伯始旋其面目，望洋向若而叹曰："野语有之曰，'闻道百以为莫己若者'，我之谓也。且夫我尝闻少仲尼之闻而轻伯夷之义者，始吾弗信。今我睹子之难穷也，吾非至于子之门，则殆矣，吾长见笑大方之家。"

北海若曰："井蛙②不可以语于海者，拘于虚也；夏虫不可以语于冰者，笃于时也；曲士不可以语于道者，束于教也。今尔出于崖涘，观于大海，乃知尔丑，尔将可与语大理矣。天下之水，莫大于海，万川归之，不知何时止而不盈，尾闾③泄之，不知何时已而不虚；春秋不变，水旱不知。此其过江河之流，不可为量数。而吾未尝以此自多者，自以比形于天地而受气于阴阳，吾在天地之间，犹小石小木之在大山也。方存乎见少，又奚以自多！计四海之在天地之间也，不似礨空④之在大泽乎？计中国之在海内，不似稊米之在大仓乎？号物之数谓之万，人处一焉；人卒⑤九州，谷食之所生，舟车之所通，人处一焉。此其比万物也，不似豪末之在于马

171

体乎？五帝之所运⑥，三王之所争，仁人之所忧，任士之所劳，尽此矣。伯夷辞之以为名，仲尼语之以为博。此其自多也，不似尔向之自多于水乎？"

河伯曰："然则吾大天地而小豪末，可乎？"北海若曰："否。夫物，量无穷，时无止，分无常，终始无故。是故大知观于远近，故小而不寡，大而不多：知量无穷。证曏⑦今故，故遥而不闷，掇而不跂⑧，知时无止。察乎盈虚，故得而不喜，失而不忧，知分之无常也；明乎坦途，故生而不说，死而不祸，知终始之不可故也。计人之所知，不若其所不知；其生之时，不若未生之时；以其至小求穷其至大之域，是故迷乱而不能自得也。由此观之，又何以知毫末之足以定至细之倪⑨！又何以知天地之足以穷至大之域！"

河伯曰："世之议者皆曰：'至精无形，至大不可围。'是信情乎？"北海若曰："夫自细视大者不尽，自大视细者不明。故异便。此势之有也。夫精，小之微也；垺⑩，大之殷也；夫精粗者，期于有形者也；无形者，数之所不能分也；不可围者，数之所不能穷也。可以言论者，物之粗也；可以意致者，物之精也；言之所不能论，意之所不能察致者，不期精粗焉。"

河伯曰："若物之外，若物之内，恶至而倪贵贱？恶至而倪小大？"北海若曰："以道观之，物无贵贱；以物观之，自贵而相贱；以俗观之，贵贱不在己。以差观之，因其所大而大之，则万物莫不大；因其所小而小之，则万物莫不小。

172

知天地之为稊米也，知毫末之为丘山也，则差数睹矣。以功观之，因其所有而有之，则万物莫不有；因其所无而无之，则万物莫不无。知东西之相反而不可以相无，则功分定矣。以趣观之，因其所然而然之，则万物莫不然；因其所非而非之，则万物莫不非。知尧、桀之自然而相非，则趣操睹矣。昔者尧、舜让而帝，之、哙让而绝；汤、武争而王，白公争而灭。由此观之，争让之礼，尧、桀之行，贵贱有时，未可以为常也。梁丽⑪可以冲城，而不可以窒穴，言殊器也；骐骥骅骝⑫一日而驰千里，捕鼠不如狸狌，言殊技也；鸱鸺⑬夜撮蚤，察毫末，昼出瞋目而不见丘山，言殊性也。故曰：盖师是而无非，师治而无乱乎？是未明天地之理，万物之情者也。是犹师天而无地，师阴而无阳，其不可行明矣。然且语而不舍，非愚则诬也！帝王殊禅，三代殊继。差其时，逆其俗者，谓之篡夫；当其时，顺其俗者，谓之义之徒。默默乎河伯！女恶知贵贱之门，小大之家！"

河伯曰："然则我何为乎？何不为乎？吾辞受趣舍，吾终奈何？"北海若曰："以道观之，何贵何贱，是谓反衍⑭；无拘而志，与道大蹇⑮。何少何多，是谓谢施；无一而行，与道参差。严⑯乎若国之有君，其无私德；繇繇⑰乎若祭之有社，其无私福；泛泛乎⑱其若四方之无穷，其无所畛域。兼怀万物，其孰承翼⑲？是谓无方⑳。万物一齐，孰短孰长？道无终始，物有死生，不恃其成。一虚一满㉑，不位乎其形。年不可举，时不可止。消息盈虚，终则有始。是所以语大义之方，论万物之理也。物之生也，若骤若驰。无动而不变，无时而不移。何为乎，何不为乎？夫固将自化。"

河伯曰："然则何贵于道邪？"北海若曰："知道者必达于理，达于理者必明于权^㉒，明于权者不以物害己。至德者，火弗能热，水弗能溺，寒暑弗能害，禽兽弗能贼。非谓其薄之也，言察乎安危，宁于祸福，谨于去就，莫之能害也。故曰：天在内，人在外，德在乎天。知天^㉓人之行，本乎天，位乎得，踶跂^㉔而屈伸，反要而语极。"曰："何谓天？何谓人？"北海若曰："牛马四足，是谓天；落马首，穿牛鼻，是谓人。故曰：无以人灭天，无以故灭命，无以得殉名。谨守而勿失，是谓反其真。"

夔怜蚿^㉕，蚿怜蛇，蛇怜风，风怜目，目怜心。夔谓蚿曰："吾以一足趻踔^㉖而行，予无如矣。今子之使万足，独奈何？"蚿曰："不然。子不见夫唾者乎？喷则大者如珠，小者如雾，杂而下者不可胜数也。今予动吾天机^㉗，而不知其所以然。"蚿谓蛇曰："吾以众足行，而不及子之无足，何也？"蛇曰："夫天机之所动，何可易邪？吾安用足哉！"蛇谓风曰："予动吾脊胁而行，则有似也。今子蓬蓬然起于北海，蓬蓬然入于南海，而似无有，何也？"风曰："然，予蓬蓬然起于北海而入于南海也，然而指我则胜我，鳅我亦胜我。虽然，夫折大木，蜚^㉘大屋者，唯我能也。故以众小不胜为大胜也。为大胜者，唯圣人能之。"

孔子游于匡，卫人围之数币，而弦歌不惙^㉙。子路入见，曰："何夫子之娱也？"孔子曰："来，吾语女。我讳穷㉚久矣，而不免，命也；求通久矣，而不得，时也。当尧、舜而天下无穷人，非知得也；当桀、纣而天下无通人，非知失也；时势适然。夫水行不避蛟龙者，渔父之勇也；陆行不避兕虎者，猎夫之勇也；白刃交于前，视死若生者，烈士之勇也；知穷之有命，知通之有时，临大难而不惧者，圣人之勇也。由处㉛矣！吾命有所制矣！"无几何，将甲者进，辞曰："以为阳虎也，故围之；今非也，请辞而退。"

公孙龙问于魏牟曰："龙少学先王之道，长而明仁义之行；合同异，离坚白；然不然，可不可；困百家之知，穷众口之辩：吾自以为至达已。今吾闻庄子之言，汒㉜焉异之。不知论之不及与？知之弗若与？今吾无所开吾喙，敢问其方。"

公子牟隐机大息，仰天而笑曰："子独不闻夫坎井之蛙乎？谓东海之鳖曰：'吾乐与！出跳梁乎井干之上，入休乎缺甃㉝之崖。赴水则接腋持颐，蹶泥则没足灭跗。还虷㉞蟹与科斗，莫吾能若也。且夫擅一壑之水，而跨跱坎井之乐，此亦至矣。夫子奚不时来入观乎？'东海之鳖左足未入，而右膝已絷矣。于是逡巡而却，告之海曰：'夫千里之远，不足以举其大；千仞之高，不足以极其深。禹之时，十年九潦，而水弗为加益；汤之时，八年七旱，而崖不为加损。夫不为顷久推移，不以多少进退者，此亦东海之大乐也。'于是坎井之蛙闻之，适适㉟然惊，规规然自失也。

175

"且夫知不知是非之竟，而犹欲观于庄子之言，是犹使蚊虻负山，商蚷㊱驰河也，必不胜任矣。且夫知不知论极妙之言，而自适一时之利者，是非坎井之蛙与？且彼方趹㊲黄泉而登大皇，无南无北，奭㊳然四解，沦于不测；无东无西，始于玄冥，反于大通。子乃规规然而求之以察，索之以辩，是直用管窥天，用锥指地也，不亦小乎？子往矣！且子独不闻夫寿陵馀子之学行于邯郸与？未得国能，又失其故行矣，直匍匐而归耳。今子不去，将忘子之故，失子之业。"

公孙龙口呿㊴而不合，舌举而不下，乃逸而走。

庄子钓于濮水。楚王使大夫二人往先焉，曰："愿以境内累矣！"庄子持竿不顾，曰："吾闻楚有神龟，死已三千岁矣。王以巾笥而藏之庙堂之上。此龟者，宁其死为留骨而贵乎？宁其生而曳尾于涂中㊵乎？"二大夫曰："宁生而曳尾涂中。"庄子曰："往矣！吾将曳尾于涂中。"

惠子相梁，庄子往见之。或谓惠子曰："庄子来，欲代子相。"于是惠子恐，搜于国中三日三夜。庄子往见之，曰："南方有鸟，其名为鹓鶵㊶，子知之乎？夫鹓鶵，发于南海而飞于北海，非梧桐不止，非练实㊷不食，非醴泉不饮。于是鸱得腐鼠，鹓鶵过之，仰而视之曰：'吓！'今子欲以子之梁国而吓我邪？"

庄子与惠子游于濠梁之上。庄子曰："鯈鱼㊸出游从容，是鱼之乐也。"惠子曰："子非鱼，安知鱼之乐？"庄子曰："子非我，安知我不知鱼之乐？"惠子曰："我非子，固不知子矣；子固非鱼也，子之不知鱼之乐，全矣！"庄子曰："请循其本。子曰'汝安知鱼乐'云者，既已知吾知之而问我。我知之濠上也。"

----

①涘：涯。　②蛙：一本作"鱼"。　③尾闾：泄海水之所。　④礨（lěi）空：小穴。　⑤人卒：人众。　⑥运：一本作"连"。　⑦衡（xiàng）：明。　⑧跂：求。

⑨倪：端倪，限度。　⑩坿：特大。　⑪梁丽：屋栋。

⑫骐骥：古称千里马。骅骝：周代良马，为周穆王八骏马之一。

⑬鸱鸺：猫头鹰。　⑭反衍：反覆。　⑮蹇：违碍。

⑯严：一本作"严严"。　⑰繇繇：同"悠悠"，自得的样子。

⑱泛泛乎：普通之貌。　⑲承翼：承受卵翼，受助之意。

⑳无方：无所偏向。　㉑满：一本作"盈"。　㉒权：应变。

㉓天：一本作"乎"。　㉔踯躅：进退不定的样子。

㉕夔：独脚兽，乃是想象的动物。蚿：多足虫。　㉖趵踔：跳踯。　㉗天机：自然。　㉘蜚：同"飞"。　㉙惙：同"辍"，止。　㉚讳穷：忌讳道行不能通达。　㉛处：安息。

㉜汒：通"茫"。　㉝甃：砌井壁用的砖。　㉞虷：蚧蛤之类的虫。　㉟适适：惊惧的样子。　㊱蚼：马蚿。　㊲跐：踩。　㊳奭：释然。　㊴呿：张口的样子。　㊵涂中：泥中。　㊶鹓鶵：属于凤凰的一种。　㊷练实：竹的果实。

㊸鯈鱼：白鱼。

至 乐

天下有至乐无有哉？有可以活身者无有哉？今奚为奚据？奚避奚处？奚就奚去？奚乐奚恶？

夫天下之所尊者，富贵寿善也；所乐者，身安厚味美服好色音声也；所下者，贫贱夭恶也；所苦者，身不得安逸，口不得厚味，形不得美服，目不得好色，耳不得音声。若不得者，则大忧以惧，其为形也，亦愚哉！

夫富者，苦身疾作①，多积财而不得尽用，其为形也亦外矣！夫贵者，夜以继日，思虑善否，其为形也亦疏矣！人之生也，与忧俱生。寿者惛惛②，久忧不死，何苦也！其为形也亦远矣！烈士为天下见善矣，未足以活身。吾未知善之诚善邪？诚不善邪？若以为善矣，不足活身；以为不善矣，足以活人。故曰："忠谏不听，蹲循③勿争。"故夫子胥争之以残其形；不争，名亦不成。诚有善无有哉？今俗之所为与其所乐，吾又未知乐之果乐邪？果不乐邪？吾观夫俗之所乐，举群趣④者，誙誙然⑤如将不得已，而皆曰乐者，吾未知之乐也，亦未知之不乐也。果有乐无有哉？吾以无为诚乐矣，又俗之所大苦也。故曰："至乐无乐，至誉无誉。"

天下是非果未可定也。虽然，无为可以定是非。至乐活身，唯无为几存。请尝试言之：天无为以之清，地无为以之宁。故两无为相合，万物皆化生。芒乎芴乎⑥，而无从出乎！芴乎芒乎，而无有象乎！万物职职⑦，皆从无为殖⑧。故曰："天地无为也而无不为也。"人也孰能得无为哉！

　　庄子妻死，惠子吊之，庄子则方箕踞⑨鼓盆而歌。惠子曰："与人居，长子、老、身死，不哭亦足矣，又鼓盆而歌，不亦甚乎！"庄子曰："不然。是其始死也，我独何能无概然！察其始而本无生；非徒无生也，而本无形；非徒无形也，而本无气。杂乎芒芴之间，变而有气，气变而有形，形变而有生。今又变而之死。是相与为春秋冬夏四时行也。人且偃然寝于巨室，而我嗷嗷然⑩随而哭之，自以为不通乎命，故止也。"

　　支离叔与滑介叔观于冥伯之丘，昆仑之虚，黄帝之所休。俄而柳⑪生其左肘，其意蹶蹶然⑫恶之。支离叔曰："子恶之乎？"滑介叔曰："亡，予何恶！生者，假借也。假之而生生者，尘垢也。死生为昼夜。且吾与子观化而化及我，我又何恶焉！"

　　庄子之楚，见空髑髅，髐然⑬有形。撽⑭以马捶，因而问之，曰："夫子贪生失理，而为此乎？将子有亡国之事、斧钺之诛，而为此乎？将子有不善之行、愧遗父母妻子之丑，而为此乎？将子有冻馁之患，而为此乎？将子之春秋故及此乎？"于是语卒，援髑髅，枕而卧。夜半，髑髅见梦曰："子之谈者似辩士，视子所言，皆生人之累也，死则无此矣。子欲闻死之说乎？"庄子曰："然。"髑髅曰："死，无君于上，无臣于下，亦无四时之事，从然以天地为春秋，虽南面王乐，不能过也。"庄子不信，曰："吾使司命复生子形，为子骨肉肌肤，反子父母、妻子、闾里、知识，子欲之乎？"髑髅深矉蹙頞⑮曰："吾安能弃南面王乐而复为人间之劳乎！"

颜渊东之齐，孔子有忧色。子贡下席而问曰："小子敢问：回东之齐，夫子有忧色，何邪？"孔子曰："善哉汝问！昔者管子有言，丘甚善之，曰：'褚⑯小者不可以怀大，绠短者不可以汲深。'夫若是者，以为命有所成而形有所适也，夫不可损益。吾恐回与齐侯言尧、舜、黄帝之道，而重以燧人、神农之言。彼将内求于己而不得，不得则惑，人惑则死。且女独不闻邪？昔者海鸟止于鲁郊，鲁侯御而觞⑰之于庙，奏《九韶》以为乐，具太牢⑱以为膳。鸟乃眩视忧悲，不敢食一脔，不敢饮一杯，三日而死。此以己养养鸟也，非以鸟养养鸟也。夫以鸟养养鸟者，宜栖之深林，游之坛陆⑲，浮之江湖，食之鳅鲦，随行列而止，委蛇⑳而处。彼唯人言之恶闻，奚以夫谣谣㉑为乎！《咸池》《九韶》之乐，张之洞庭之野，鸟闻之而飞，兽闻之而走，鱼闻之而下入，人卒闻之，相与还而观之。鱼处水而生，人处水而死。彼必相与异，其好恶故异也。故先圣不一其能，不同其事。名止于实，义设于适，是之谓条达而福持。"

列子行，食于道从，见百岁髑髅，攓㉒蓬而指之曰："唯予与汝知而未尝死、未尝生也。若果养乎？予果欢乎？"

180

种有几，得水则为继，得水土之际则为蛙蝴之衣㉓，生于陵屯则为陵舄㉔，陵舄得郁栖则为乌足㉕，乌足之根为蛴螬㉖，其叶为胡蝶。胡蝶胥也㉗化而为虫，生于灶下，其状若脱，其名为鸲掇。鸲掇千日化而为鸟，其名为干余骨。干余骨之沫为斯弥，斯弥为食醯。颐辂生乎食醯，黄軦生乎九猷㉘，瞀芮生乎腐蠸㉙，羊奚比乎不箰㉚，久竹生青宁；青宁生程，程生马，马生人，人又反入于机。万物皆出于机，皆入于机。"

----

①疾作：勤勉劳动。　②惛惛：即"昏昏"，指精神懵懂。
③蹲循：即"逡巡"，退却之意。　④举群趣：形容一窝蜂地追逐。　⑤誙誙然：必取之意。　⑥芒乎芴乎：恍惚芒昧。
⑦职职：繁多的样子。　⑧无为殖：意指万物在自然中产生。
⑨箕踞：蹲坐。　⑩嗷嗷然：哭叫声。　⑪柳：借为"瘤"。
⑫蹴蹴然：惊动的样子。　⑬髐然：空枯的样子。　⑭撽：旁击。　⑮矉（pín）：同"颦"，皱眉。颡（é）：同"额"。
⑯褚：布袋。　⑰觞：宴饮。　⑱太牢：指牛羊豕。
⑲坛陆：湖渚。　⑳委蛇：指宽舒自得。　㉑说说：喧杂。
㉒攓（qiān）：同"搴"，拔。　㉓蛙蝴（bīn）之衣：青苔。
㉔陵屯：高地；陵舄：车前草。　㉕郁栖：粪壤。乌足：草名。
㉖蛴螬（qí záo）：金龟子之幼虫。　㉗胥也：同"须臾"。
㉘黄軦（huàng），九猷：皆虫名。　㉙腐蠸：萤火虫。
㉚箰（sǔn）：不生笋的竹子。

181

山　木

　　庄子行于山中，见大木，枝叶盛茂。伐木者止其旁而不取也。问其故，曰："无所可用。"庄子曰："此木以不材得终其天年。"

　　夫子①出于山，舍于故人之家。故人喜，命竖子杀雁而烹之。竖子请曰："其一能鸣，其一不能鸣，请奚杀？"主人曰："杀不能鸣者。"明日，弟子问于庄子曰："昨日山中之木，以不材得终其天年；今主人之雁，以不材死。先生将何处？"庄子笑曰："周将处乎材与不材之间。材与不材之间，似之而非也，故未免乎累。若夫乘道德而浮游则不然。无誉无訾②，一龙一蛇，与时俱化，而无肯专为。一上一下，以和为量，浮游乎万物之祖。物物而不物于物，则胡可得而累邪！此神农、黄帝之法则也。若夫万物之情，人伦之传③，则不然。合则离，成则毁；廉则挫，尊则议，有为则亏，贤则谋，不肖则欺。胡可得而必乎哉！悲夫，弟子志之，其唯道德之乡乎！"

　　市南宜僚见鲁侯，鲁侯有忧色。市南子曰："君有忧色，何也？"鲁侯曰："吾学先王之道，修先君之业；吾敬鬼尊贤，亲而行之，无须臾离居。然不免于患，吾是以忧。"市

182

南子曰："君之除患之术浅矣！夫丰狐文豹，栖于山林，伏于岩穴，静也；夜行昼居，戒也；虽饥渴隐约，犹且胥疏于江湖之上而求食焉，定也。然且不免于罔罗机辟④之患，是何罪之有哉？其皮为之灾也。今鲁国独非君之皮邪？吾愿君刳形去皮，洒心去欲，而游于无人之野。南越有邑焉，名为建德之国。其民愚而朴，少私而寡欲；知作而不知藏，与而不求其报；不知义之所适，不知礼之所将。猖狂妄行，乃蹈乎大方。其生可乐，其死可葬。吾愿君去国捐俗，与道相辅而行。"君曰："彼其道远而险，又有江山，我无舟车，奈何？"市南子曰："君无形倨⑤，无留居，以为君车。"君曰："彼其道幽远而无人，吾谁与为邻？吾无粮，我无食，安得而至焉？"市南子曰："少君之费，寡君之欲，虽无粮而乃足。君其涉于江而浮于海，望之而不见其崖，愈往而不知其所穷。送君者皆自崖而反，君自此远矣！故有人者累，见有于人者忧。故尧非有人，非见有于人也。吾愿去君之累，除君之忧，而独与道游于大莫之国。方舟而济于河，有虚船来触舟，虽有惼⑥心之人不怒。有一人在其上，则呼张歙之。一呼而不闻，再呼而不闻，于是三呼邪，则必以恶声随之。向也不怒而今也怒，向也虚而今也实。人能虚己以游世，其孰能害之！"

北宫奢为卫灵公赋敛以为钟，为坛乎郭门之外。三月而成上下之县。王子庆忌见而问焉，曰："子何术之设？"奢曰："一之间无敢设也。奢闻之，'既雕既琢，复归于朴'。侗乎其无识，傥乎其怠疑⑦。萃乎芒乎⑧，其送往而迎来。来者勿禁，往者勿止。从其强梁，随其曲傅，因其自穷。故朝夕赋敛而毫毛不挫，而况有大涂者乎！"

孔子围于陈蔡之间，七日不火食。大公任往吊之，曰："子几死乎？"曰："然。""子恶死乎？"曰："然。"任曰："予尝言不死之道。东海有鸟焉，其名曰意怠。其为鸟也，翂翂翐翐⑨，而似无能；引援而飞，迫胁而栖；进不敢为前，退不敢为后；食不敢先尝，必取其绪。是故其行列不斥，而外人卒不得害，是以免于患。直木先伐，甘井先竭。子其意者饰知以惊愚，修身以明污，昭昭乎如揭日月而行，故不免也。昔吾闻之大成之人曰：自伐者无功，功成者堕，名成者亏。孰能去功与名而还与众人！道流而不明居，得行而不名处；纯纯常常，乃比于狂；削迹捐势，不为功名。是故无责于人，人亦无责焉。至人不闻，子何喜哉！"孔子曰："善哉！"辞其交游，去其弟子，逃于大泽，衣裘褐，食杼栗，入兽不乱群，入鸟不乱行。鸟兽不恶，而况人乎！

孔子问子桑雽曰："吾再逐于鲁，伐树于宋，削迹于卫，穷于商周，围于陈蔡之间。吾犯此数患，亲交益疏，徒友益散，何与？"子桑雽曰："子独不闻假人之亡与？林回弃千金之璧，负赤子而趋。或曰：为其布与？赤子之布寡矣；为其累与？赤子之累多矣。弃千金之璧，负赤子而趋，何也？林回曰：彼以利合，此以天属也。夫以利合者，迫穷祸患害相弃也；以天属者，迫穷祸患害相收也。夫相收之与相弃亦远矣。且君子之交淡若水，小人之交甘若醴。君子淡以亲，小人甘以绝，彼无故以合者，则无故以离。"孔子曰："敬闻命矣！"徐行翔佯而归，绝学捐书，弟子无挹于前，其爱益加进。

异日，桑雺又曰："舜之将死，真泠禹曰：汝戒之哉！形莫若缘，情莫若率。缘则不离，率则不劳。不离不劳，则不求文以待形。不求文以待形，固不待物。"

庄子衣大布而补之，正緳⑩系履而过魏王。魏王曰："何先生之惫邪？"庄子曰："贫也，非惫也。士有道德不能行，惫也；衣弊履穿，贫也，非惫也，此所谓非遭时也。王独不见夫腾猿乎？其得楠梓豫章⑪也，揽蔓其枝而王长其间，虽羿、蓬蒙不能眄睨⑫也。及其得柘棘枳枸⑬之间也，危行侧视，振动悼慄，此筋骨非有加急而不柔也，处势不便，未足以逞其能也。今处昏上乱相之间而欲无惫，奚可得邪？此比干之见剖心征⑭也夫！"

孔子穷于陈蔡之间，七日不火食。左据槁木，右击槁枝，而歌猋氏⑮之风，有其具而无其数，有其声而无宫角。木声与人声，犁然⑯有当于人之心。颜回端拱还目而窥之。仲尼恐其广己而造大也，爱己而造哀也，曰："回，无受天损易，无受人益难。无始而非卒也，人与天一也。夫今之歌者其谁乎！"回曰："敢问无受天损易。"仲尼曰："饥渴寒暑，穷桎不行⑰，天地之行也，运物之泄也，言与之偕逝⑱之谓也。为人臣者，不敢去之。执臣之道犹若是，而况乎所以待天乎？""何谓无受人益难？"仲尼曰："始用四达，爵禄并至而不穷。物之所利，乃非己也，吾命其在外者也。君子不为盗，贤人不为窃。吾若取之，何哉？故曰：鸟莫知于鹎鸠⑲，目之所不宜处，不给视，虽落其实，弃之而走。其畏人也，而袭诸人间。社稷存焉尔！""何谓无始而非卒？"仲尼曰："化其万物而不知其禅之者，焉知其所终？焉知其所始？正而待之而已耳。""何谓人与天一邪？"仲尼曰："有人，天也；有天，亦天也。人之不能有天，性也。圣人晏然⑳体逝而终矣！"

庄周游于雕陵之樊，睹一异鹊自南方来者。翼广七尺，目大运寸，感周之颡而集于栗林。庄周曰："此何鸟哉！翼殷不逝，目大不睹。"蹇裳躩步㉑，执弹而留之。睹一蝉，方得美荫而忘其身。螳螂执翳㉒而搏之，见得而忘其形。异鹊从而利之，见利而忘其真。庄周怵然曰："噫！物固相累，二类相召也。"捐弹而反走，虞人逐而谇之㉓。

庄周反入，三日不庭。蔺且从而问之："夫子何为顷间甚不庭乎？"庄周曰："吾守形而忘身，观于浊水而迷于清渊。且吾闻诸夫子曰：'入其俗，从其令。'今吾游于雕陵而忘吾身，异鹊感吾颡，游于栗林而忘真。栗林虞人以吾为戮㉔，吾所以不庭也。"

阳子之宋，宿于逆旅。逆旅人有妾二人，其一人美，其一人恶。恶者贵而美者贱。阳子问其故，逆旅小子对曰："其美者自美，吾不知其美也；其恶者自恶，吾不知其恶也。"阳子曰："弟子记之：行贤而去自贤之行㉕，安往而不爱哉！"

---

①夫子：一本作"庄子"；一本"子"字脱，"夫"字入前句。②訾：毁。③人伦之传：人类的习惯。④罔罗机辟：捕兽之具。⑤形倨：形态倨傲。⑥惼：同"偏"，狭急。⑦侻乎：无心的样子。怠疑：形容不急于求取。⑧萃乎芒乎：形容聚在一起，分辨不清。⑨翂翂翐翐：飞得迟缓不高的样子。⑩縻：麻绳做的带子。⑪枏梓豫章：均是端直好木。⑫眄睨：斜视。⑬柘棘枳枸：均是有刺的小木。⑭征：明证。⑮猋氏：神农。⑯犂然：释然，悠然。⑰穷桎不行：穷困不通。⑱偕逝：共同参与变化。⑲鷾鸸：燕。⑳晏然：安然。㉑褰裳：提起衣裳。躩步：疾行，快步。㉒翳：隐蔽。㉓虞人：守园者。谇：骂。㉔戮：同"辱"。㉕行：一本作"心"。

知 北 游

知北游于玄水之上，登隐弅①之丘，而适遭无为谓焉。知谓无为谓曰："予欲有问乎若：何思何虑则知道？何处何服则安道？何从何道则得道？"三问而无为谓不答也。非不答，不知答也。知不得问，反于白水之南，登狐阕之上，而睹狂屈焉。知以之言也问乎狂屈。狂屈曰："唉！予知之，将语若。"中欲言而忘其所欲言。知不得问，反于帝宫，见黄帝而问焉。黄帝曰："无思无虑始知道，无处无服始安道，无从无道始得道。"知问黄帝曰："我与若知之，彼与彼不知也，其孰是邪？"黄帝曰："彼无为谓真是也，狂屈似之，我与汝终不近也。夫知者不言，言者不知，故圣人行不言之教。道不可致，德不可至。仁可为也，义可亏也，礼相伪也。故曰：'失道而后德，失德而后仁，失仁而后义，失义而后礼。礼者，道之华而乱之首也。'故曰：'为道者日损，损之又损之，以至于无为。无为而无不为也。'今已为物也，欲复归根，不亦难乎！其易也，其唯大人乎！生也死之徒，死也生之始，孰知其纪②！人之生，气之聚也。聚则为生，散则为死。若死生为徒，吾又何患！故万物一也。是其所美者为神奇，其所恶者为臭腐。臭腐复化为神奇，神奇复化为臭腐。

188

故曰：'通天下一气耳。'圣人故贵一。"知谓黄帝曰："吾问无为谓，无为谓不应我，非不我应，不知应我也；吾问狂屈，狂屈中欲告我而不我告，非不我告，中欲告而忘之也；今予问乎若，若知之，奚故不近？"黄帝曰："彼其真是也，以其不知也；此其似之也，以其忘之也；予与若终不近也，以其知之也。"狂屈闻之，以黄帝为知言。

天地有大美而不言，四时有明法而不议，万物有成理而不说。圣人者，原天地之美而达万物之理。是故至人无为，大圣不作，观于天地之谓也。今③彼神明至精，与彼百化。物已死生方圆，莫知其根也。扁然④而万物自古以固存。六合为巨，未离其内；秋豪为小，待之成体；天下莫不沉浮，终身不故；阴阳四时运行，各得其序；惛然⑤若亡而存，油然⑥不形而神，万物畜而不知。此之谓本根，可以观于天矣！

啮缺问道乎被衣，被衣曰："若正汝形，一汝视，天和将至；摄汝知，一汝度，神将来舍。德将为汝美，道将为汝居。汝瞳焉⑦如新生之犊而无求其故。"言未卒，啮缺睡寐。被衣大说，行歌而去之，曰："形若槁骸，心若死灰，真其实知，不以故自持。媒媒⑧晦晦，无心而不可与谋。彼何人哉！"

舜问乎丞曰："道可得而有乎？"曰："汝身非汝有也，汝何得有夫道！"舜曰："吾身非吾有也，孰有之哉？"曰："是天地之委形也；生非汝有，是天地之委和也；性命非汝有，是天地之委顺也；子孙非汝有，是天地之委蜕也。故行不知所往，处不知所持，食不知所味。天地之强阳气也，又胡可得而有邪！"

孔子问于老聃曰："今日晏闲⑨，敢问至道。"老聃曰："汝齐戒，疏瀹⑩而心，澡雪而精神，掊击而知。夫道，窅然⑪难言哉！将为汝言其崖略⑫。夫昭昭生于冥冥，有伦生于无形，精神生于道，形本生于精，而万物以形相生。故九窍⑬者胎生，八窍⑭者卵生。其来无迹，其往无崖，无门无房，四达之皇皇也。邀于此者，四肢强，思虑恂达⑮，耳目聪明。其用心不劳，其应物无方，天不得不高，地不得不广，日月不得不行，万物不得不昌，此其道与！且夫博之不必知，辩之不必慧，圣人以断之矣！若夫益之而不加益，损之而不加损者，圣人之所保也。渊渊乎其若海，魏魏乎其若山，终则复始也，运量万物而不匮。则君子之道，彼其外与！万物皆往资焉而不匮，此其道与！中国有人焉，非阴非阳，处于天地之间，直且为人，将反于宗。自本观之，生者，暗醷⑯物也。虽有寿夭，相去几何？须臾之说也，奚足以为尧、桀之是非！果蓏有理，人伦虽难，所以相齿。圣人遭之而不违，过之而不守。调而应之，德也；偶而应之，道也。帝之所兴，王之所起也。人生天地之间，若白驹之过郤，忽然而已。注然勃然，莫不出焉；油然漻然⑰，莫不入焉。已化而生，又化而死。生物哀之，人类悲之。解其天弢⑱，堕其天袠⑲。纷乎宛乎，魂魄将往，乃身从之。乃大归乎！不形之形，形之不形，是人之所同知也，非将至之所务也，此众人之所同论也。彼至则不论，论则不至；明见无值，辩不若默；道不可闻，闻不若塞。此之谓大得。"

东郭子问于庄子曰："所谓道，恶乎在？"庄子曰："无所不在。"东郭子曰："期而后可。"庄子曰："在蝼蚁。"曰："何其下邪？"曰："在稊稗⑳。"曰："何其愈下邪？"曰："在瓦甓。"曰："何其愈甚邪？"曰："在屎溺。"东郭子不应。庄子曰："夫子之问也，固不及质。正获㉑之问于监市履狶㉒也，每下愈况。汝唯莫必，无乎逃物。至道若是，大言亦然。周遍咸三者，异名同实，其指一也。尝相与游乎无何有之宫，同合而论，无所终穷乎！尝相与无为乎！澹而静乎！漠而清乎！调而闲乎！寥已吾志，无往焉而不知其所至，去而来而不知其所止。吾已往来焉而不知其所终，彷徨乎冯闳㉓，大知入焉而不知其所穷。物物者与物无际，而物有际者，所谓物际者也。不际之际，际之不际者也。谓盈虚衰杀，彼为盈虚非盈虚，彼为衰杀非衰杀，彼为本末非本末，彼为积散非积散也。"

妸荷甘与神农同学于老龙吉。神农隐几，阖户昼瞑。妸荷甘日中奓㉔户而入，曰："老龙死矣！"神农〔隐几〕拥杖而起，曝然放杖而笑，曰："天知予僻陋慢訑㉕也，故弃予而死。已矣，夫子无所发予之狂言而死矣夫！"弇堈吊闻之，曰："夫体道者，天下之君子所系焉。今于道，秋豪之端万分未得处一焉，而犹知藏其狂言而死，又况夫体道者乎！视之无形，听之无声，于人之论者，谓之冥冥，所以论道而非道也。"

于是泰清问乎无穷，曰："子知道乎？"无穷曰："吾不知。"又问乎无为,无为曰:"吾知道。"曰:"子之知道,亦有数乎?"曰:"有。"曰:"其数若何?"无为曰:"吾知道之可以贵,可以贱,可以约,可以散,此吾所以知道之数也。"泰清以之言也问乎无始,曰:"若是,则无穷之弗知与无为之知,孰是而孰非乎?"无始曰:"不知深矣,知之浅矣;弗知内矣,知之外矣。"于是泰清仰而叹曰:"弗知乃知乎,知乃不知乎!孰知不知之知?"无始曰:"道不可闻,闻而非也;道不可见,见而非也;道不可言,言而非也!知形形之不形乎!道不当名。"无始曰:"有问道而应之者,不知道也;虽问道者,亦未闻道。道无问,问无应。无问问之,是问穷也;无应应之,是无内也。以无内待问穷,若是者,外不观乎宇宙,内不知乎大初。是以不过乎昆仑,不游乎太虚。"

光曜问乎无有曰:"夫子有乎?其无有乎?"光曜不得问而孰视其状貌:窅㉕然空然。终日视之而不见,听之而不闻,搏之而不得也。光曜曰:"至矣,其孰能至此乎!予能有无矣,而未能无无也。及为无有矣,何从至此哉!"

大马之捶钩者,年八十矣,而不失豪芒。大马曰:"子巧与!有道与?"曰:"臣有守也。臣之年二十而好捶钩,于物无视也,非钩无察也。"是用之者,假不用者也,以长得其用,而况乎无不用者乎!物孰不资焉!

冉求问于仲尼曰:"未有天地可知邪?"仲尼曰:"可。古犹今也。"冉求失问而退。明日复见,曰:"昔者吾问'未有天地可知乎？'夫子曰：'可。古犹今也。'昔日吾昭然，今日吾昧然。敢问何谓也？"仲尼曰："昔之昭然也，神者先受之；今之昧然也，且又为不神者求邪！无古无今，无始无终。未有子孙而有孙子，可乎？"冉求未对。仲尼曰："已矣，未应矣！不以生生死，不以死死生。死生有待邪？皆有所一体。有先天地生者物邪？物物者非物，物出不得先物也，犹其有物也。犹其有物也，无已！圣人之爱人也终无已者，亦乃取于是者也。"

颜渊问乎仲尼曰："回尝闻诸夫子曰：'无有所将，无有所迎。'回敢问其游。"仲尼曰："古之人，外化而内不化，今之人，内化而外不化。与物化者，一不化者也。安化安不化？安与之相靡㉗？必与之莫多。狶韦氏之囿，黄帝之圃，有虞氏之宫，汤武之室。君子之人，若儒墨者师，故以是非相𩐋㉘也，而况今之人乎！圣人处物不伤物。不伤物者，物亦不能伤也。唯无所伤者，为能与人相将迎。山林与，皋壤㉙与，使我欣欣然而乐与！乐未毕也，哀又继之。哀乐之来，吾不能御，其去弗能止。悲夫，世人直为物逆旅耳！夫知遇而不知所不遇，知㉚能能而不能所不能。无知无能者，固人之所不免也。夫务免乎人之所不免者，岂不亦悲哉！至言去言，至为去为。齐知之所知，则浅矣！"

----

①夵：通"溢"，即满起。　②纪：规律。　③今：一本作"合"。　④扁然：翩然。　⑤惛然：形容暗昧的样子。

⑥油然：形容内含生意。　⑦瞳焉：无知直视之貌。　⑧媒媒：晦晦的样子。　⑨晏闲：安闲。　⑩疏瀹：通导。⑪窅（yǎo）然：深奥之貌。　⑫崖略：概略。　⑬九窍：人类。　⑭八窍：禽类。　⑮恂达：通达。　⑯喑醷（yīn yì）：聚气貌。　⑰油然漻然：形容万物的变化消逝。　⑱弢（tāo）：弓袋。　⑲袠：箭袋。　⑳秭稗：含米的小草。㉑正获：市场临监督官。　㉒履狶：指用脚踩猪的下腿。㉓冯闳：寥阔的空间。　㉔夽：开。　㉕慢诎：通慢诞，荒唐之意。　㉖窅：本形容深远的样子，此处引申为暗淡不明的样子。　㉗靡：顺。㉘鳌：同"齑"。相鳌：互相攻击之意。　㉙皋壤：原野。　㉚知：一本此字无。

天　下

　　天下之治方术者多矣，皆以其有为不可加矣！古之所谓道术者，果恶乎在？曰："无乎不在。"曰："神何由降？明何由出？""圣有所生，王有所成，皆原于一。"不离于宗，谓之天人；不离于精，谓之神人；不离于真，谓之至人。以天为宗，以德为本，以道为门，兆于变化，谓之圣人；以仁为恩，以义为理，以礼为行，以乐为和，熏然慈仁，谓之君子；以法为分，以名为表，以参为验，以稽为决，其数一二三四是也，百官以此相齿；以事为常，以衣食为主，蕃息①畜藏，老弱孤寡为意，皆有以养，民之理也。

　　古之人其备乎！配神明，醇②天地，育万物，和天下，泽及百姓，明于本数③，系于末度④，六通四辟，小大精粗，其运无乎不在。其明而在数度⑤者，旧法世传之史尚多有之；其在于《诗》《书》《礼》《乐》者，邹鲁之士、搢绅先生多能明之。《诗》以道志，《书》以道事，《礼》以道行，《乐》以道和，《易》以道阴阳，《春秋》以道名分⑥。其数散于天下而设于中国者，百家之学时或称而道之。

　　天下大乱，贤圣不明，道德不一。天下多⑦得一察焉以自好。譬如耳目鼻口，皆有所明，不能相通。犹百家众技也，皆有所长，时有所用。虽然，不该⑧不遍，一曲之士也。判天地之美，析万物之理，察古人之全。寡能备于天地之美，称神明之容。是故内圣外王之道，暗而不明，郁而不发，天下之人各为其所欲焉以自为方。悲夫！百家往而不反，必不合矣！后世之学者，不幸不见天地之纯，古人之大体，道术将为天下裂。

不侈于后世，不靡⑨于万物，不晖于数度，以绳墨自矫，而备世之急。古之道术有在于是者，墨翟、禽滑厘闻其风而说之。为之大过，已之大顺⑩。作为《非乐》，命之曰《节用》。生不歌，死无服。墨子泛爱兼利而非斗，其道不怒。又好学而博，不异，不与先王同，毁古之礼乐。黄帝有《咸池》，尧有《大章》，舜有《大韶》，禹有《大夏》，汤有《大濩》，文王有《辟雍》之乐，武王、周公作《武》。古之丧礼，贵贱有仪，上下有等。天子棺椁七重，诸侯五重，大夫三重，士再重。今墨子独生不歌，死不服，桐棺三寸而无椁，以为法式。以此教人，恐不爱人；以此自行，固不爱己。未败墨子道。虽然，歌而非歌，哭而非哭，乐而非乐，是果类乎？其生也勤，其死也薄，其道大觳⑪。使人忧，使人悲，其行难为也。恐其不可以为圣人之道，反天下之心。天下不堪。墨子虽独能任，奈天下何！离于天下，其去王也远矣！墨子称道曰："昔者禹之湮⑫洪水，决江河而通四夷九州也。名川三百，支川三千，小者无数。禹亲自操橐耜⑬而九杂⑭天下之川。腓⑮无胈⑯，胫无毛，沐甚雨⑰，栉疾风，置万国。禹大圣也，而形劳天下也如此。"使后世之墨者，多以裘褐为衣，以跂𫏋⑱为服，日夜不休，以自苦为极，曰："不能如此，非禹之道也，不足谓墨。"

相里勤之弟子，五侯之徒，南方之墨者苦获、己齿、邓陵子之属，俱诵《墨经》，而倍谲⑲不同，相谓别墨。以坚白同异之辩相訾，以觭偶⑳不仵之辞相应，以巨子为圣人。皆愿为之尸㉑，冀得为其后世，至今不决。墨翟、禽滑厘之意则是，其行则非也。将使后世之墨者，必自苦以腓无胈胫无毛，相进而已矣。乱之上也，治之下也。虽然，墨子真天下之好也，将求之不得也，虽枯槁不舍也，才士也夫！

不累于俗，不饰于物，不苟于人，不忮㉒于众，愿天下之安宁以活民命，人我之养，毕足而止，以此白心。古之道术有在于是者，宋钘、尹文闻其风而悦之。作为华山之冠以自表，接万物以别宥为始。语心之容，命之曰心之行。以聏㉓合欢，以调海内，请欲置之以为主。见侮不辱，救民之斗，禁攻寝兵，救世之战。以此周行天下，上说下教。虽天下不取，强聒而不舍者也。故曰：上下见厌而强见也。虽然，其为人太多，其自为太少，曰："请欲固置五升之饭足矣。"先生恐不得饱，弟子虽饥，不忘天下，日夜不休。曰："我必得活哉！"图傲乎救世之士哉！曰："君子不为苛察，不以身假物。"以为无益于天下者，明之不如已也。以禁攻寝兵为外，以情欲寡浅为内，其小大精粗，其行适至是而止。

公而不党，易而无私，决然无主，趣物而不两，不顾于

197

虑，不谋于知，于物无择，与之俱往。古之道术有在于是者，彭蒙、田骈、慎到闻其风而悦之。齐万物以为首，曰："天能覆之而不能载之，地能载之而不能覆之，大道能包之而不能辩之。"知万物皆有所可，有所不可。故曰："选则不遍，教则不至，道则无遗者矣。"是故慎到弃知去己，而缘不得已。泠汰[24]于物，以为道理。曰："知不知，将薄知而后邻伤之者也。"謑髁[25]无任，而笑天下之尚贤也；纵脱无行，而非天下之大圣；椎拍輐断[26]，与物宛转；舍是与非，苟可以免。不师知虑，不知前后，魏然而已矣。推而后行，曳而后往。若飘风之还，若羽[27]之旋，若磨石之隧[28]，全而无非，动静无过，未尝有罪。是何故？夫无知之物，无建己之患，无用知之累，动静不离于理，是以终身无誉。故曰："至于若无知之物而已，无用贤圣。夫块不失道。"豪桀相与笑之曰："慎到之道，非生人之行而至死人之理，适得怪焉。"田骈亦然，学于彭蒙，得不教焉。彭蒙之师曰："古之道人，至于莫之是莫之非而已矣。其风窢然[29]，恶可而言。"常反人，不见观，而不免于魭断[30]。其所谓道非道，而所言之韪不免于非。彭蒙、田骈、慎到不知道。虽然，概乎皆尝有闻者也。

以本为精，以物为粗，以有积为不足，澹然独与神明居。古之道术有在于是者，关尹、老聃闻其风而悦之。建之以常无有，主之以太一。以濡弱[31]谦下为表，以空虚不毁万物为实。关尹曰："在己无居，形物自著。其动若水，其静若镜，其应若响。芴乎若亡[32]，寂乎若清。同焉者和，得焉者失。

未尝先人而常随人。"老聃曰："知其雄，守其雌，为天下谿；知其白，守其辱，为天下谷。"人皆取先，己独取后。曰受天下之垢；人皆取实，己独取虚，无藏也故有余；岿然而有余㉝。其行身也，徐而不费，无为也而笑巧；人皆求福，己独曲全。曰苟免于咎。以深为根，以约为纪。曰坚则毁矣，锐则挫矣。常宽容于物，不削于人，可谓至极。关尹、老聃乎！古之博大真人哉！

寂㉞漠无形，变化无常，死与生与，天地并与，神明往与！芒乎何之，忽乎何适，万物毕罗，莫足以归，古之道术有在于是者。庄周闻其风而悦之。以谬悠㉟之说，荒唐㊱之言，无端崖之辞，时恣纵而不傥，不以觭见之也。以天下为沉浊，不可与庄语。以卮言为曼衍㊲，以重言为真，以寓言为广。独与天地精神往来而不敖倪于万物。不谴是非，以与世俗处。其书虽瑰玮㊳，而连犿㊴无伤也。其辞虽参差，而諔诡㊵可观。彼其充实，不可以已。上与造物者游，而下与外死生无终始者为友。其于本也，弘大而辟，深闳而肆；其于宗也，可谓稠适而上遂矣。虽然，其应于化而解于物也，其理不竭，其来不蜕，芒乎昧乎，未之尽者。

惠施多方，其书五车，其道舛驳㊶，其言也不中。历物之意，曰："至大无外，谓之大一；至小无内，谓之小一。无厚，不可积也，其大千里。天与地卑，山与泽平。日方中方睨，物方生方死。大同而与小同异，此之谓小同异；万物毕同毕异，此之谓大同异。南方无穷而有穷，今日适越而昔来。

连环可解也。我知天下之中央，燕之北越之南是也。泛爱万物，天地一体也。"

惠施以此为大，观于天下而晓辩者，天下之辩者相与乐之。卵有毛；鸡三足；郢有天下；犬可以为羊；马有卵；丁子有尾；火不热；山出口；轮不蹍地；目不见；指不至，至不绝；龟长于蛇；矩不方，规不可以为圆；凿不围枘；飞鸟之景未尝动也；镞矢之疾而有不行不止之时；狗非犬；黄马骊牛三；白狗黑；孤驹未尝有母；一尺之棰，日取其半，万世不竭。辩者以此与惠施相应，终身无穷。

桓团、公孙龙辩者之徒，饰人之心，易人之意，能胜人之口，不能服人之心，辩者之囿也。惠施日以其知与人之辩，特与天下之辩者为怪，此其柢也。然惠施之口谈，自以为最贤，曰天地其壮乎！施存雄而无术。南方有倚人焉曰黄缭，问天地所以不坠不陷，风雨雷霆之故。惠施不辞而应，不虑而对，遍为万物说。说而不休，多而无已，犹以为寡，益之以怪，以反人为实，而欲以胜人为名，是以与众不适也。弱于德，强于物，其涂隩㊷矣。由天地之道观惠施之能，其犹一蚊一虻之劳者也。其于物也何庸！夫充一尚可，曰愈贵道，几矣！惠施不能以此自宁，散于万物而不厌，卒以善辩为名。惜乎！惠施之才，骀荡㊸而不得，逐万物而不反，是穷响以声，形与影竞走也。悲夫！

----

①蕃息：繁殖。　　②醇：借为"准"。　　③本数：本原，

指导的根本。　　④末度：指法度，为道的末节。　　⑤数度：指礼乐制度。　　⑥"《诗》以道志"以下至此六句一本无。⑦多：一本作"各"。　　⑧该：兼备。　　⑨靡：同"糜"，浪费。　　⑩顺：一本作"循"。　　⑪觳（què）：薄，苛刻。⑫湮：塞，没。　　⑬蕢：盛土器。耜：锹，锄。　　⑭九杂：汇合的意思。　　⑮腓：小腿后面突出的肌肉。　　⑯胈：白肉。⑰甚雨：骤雨。　　⑱蹻：草鞋。　　⑲倍谲：背异。　　⑳觭偶：即奇偶，为当时常辩论的主题。　　㉑尸：同"主"。㉒忮：逆。　　㉓聏（ér）：调和。　　㉔泠汰：听放。　　㉕諔（xǐ）髁：不正貌。　　㉖椎拍辁断：顺随旋转。　　㉗羽：一本作"落羽"。　　㉘隧：回。　　㉙窢（xū）：逆风声。一说迅速貌。　　㉚鈗（yuán）断：无圭角貌。　　㉛濡弱：柔弱。㉜芴乎若亡：恍惚若无。　　㉝一本此句无。　　㉞寂：一本作"芴"。　　㉟谬悠：虚远。　　㊱荒唐：广大无边。　　㊲曼衍：散漫流衍，不拘常规。　　㊳瑰玮：奇特。　　㊴连犿（fān）：宛转的样子。　　㊵諔诡：奇异。　　㊶舛（chuǎn）驳：乖杂。　　㊷隩（ào）：深。　　㊸骀荡：放散。